"十四五"职业教育国家规划教材

"十三五"职业教育国家规划教材

职业教育电子商务类专业改革创新教材

电子商务基础

第2版

主　　编　王　欣

副 主 编　许彦妮　陈任绯

参　　编　蒋徐贝　朱亚京　严文煜

　　　　　孟　虹　徐飞飞

机械工业出版社

本书是"十三五""十四五"职业教育国家规划教材。

本书适用于电子商务专业中职专业基础课程教学。全书分7个项目，内容包含电子商务认知、网购体验、网店美工、网络营销、客户服务、电商物流和网店开设。通过认识、领会和实践三阶段，进行分项目教学，以"项目—任务—活动"的形式呈现。项目内精心设计了多个环节，通过活动描述、活动实施、知识链接、知识加油站、教育看点等环节的实施，让学生在做中学、学中做，掌握电子商务基础知识的同时，结合时事和教育改革进行感悟和思考，为后续专业课程学习打下基础。

本书可作为职业院校电子商务专业的教材，也可作为各类电子商务教育的培训教材，还可作为企业电子商务从业人员的参考用书。

本书配有丰富的教学资源，可通过机械工业出版社教育服务网（www.cmpedu.com）或加入电子商务教师交流群（QQ群号：832803236）免费下载资源；以二维码形式呈现的关键知识点微课视频可供师生自主使用；同时，依托超星学习通平台打造的网上课程更使本书如虎添翼，辅助教师教学、引领学生自学。

图书在版编目（CIP）数据

电子商务基础／王欣主编． -- 2版． -- 北京：机械工业出版社，2025.5（2025.9重印）． --（"十四五"职业教育国家规划教材）（职业教育电子商务类专业改革创新教材）． -- ISBN 978-7-111-77742-7

Ⅰ．F713.36

中国国家版本馆 CIP 数据核字第 2025Z5G193 号

机械工业出版社（北京市百万庄大街22号　邮政编码100037）

策划编辑：宋　华		责任编辑：宋　华　张美杰
责任校对：曹若菲　李　杉		封面设计：王　旭
责任印制：任维东		

河北宝昌佳彩印刷有限公司印刷

2025 年 9 月第 2 版第 3 次印刷

210mm×285mm・13.75 印张・324 千字

标准书号：ISBN 978-7-111-77742-7

定价：43.00 元

电话服务	网络服务
客服电话：010-88361066	机 工 官 网：www.cmpbook.com
010-88379833	机 工 官 博：weibo.com/cmp1952
010-68326294	金 书 网：www.golden-book.com
封底无防伪标均为盗版	机工教育服务网：www.cmpedu.com

关于"十四五"职业教育
国家规划教材的出版说明

为贯彻落实《中共中央关于认真学习宣传贯彻党的二十大精神的决定》《习近平新时代中国特色社会主义思想进课程教材指南》《职业院校教材管理办法》等文件精神，机械工业出版社与教材编写团队一道，认真执行思政内容进教材、进课堂、进头脑要求，尊重教育规律，遵循学科特点，对教材内容进行了更新，着力落实以下要求：

1. 提升教材铸魂育人功能，培育、践行社会主义核心价值观，教育引导学生树立共产主义远大理想和中国特色社会主义共同理想，坚定"四个自信"，厚植爱国主义情怀，把爱国情、强国志、报国行自觉融入建设社会主义现代化强国、实现中华民族伟大复兴的奋斗之中。同时，弘扬中华优秀传统文化，深入开展宪法法治教育。

2. 注重科学思维方法训练和科学伦理教育，培养学生探索未知、追求真理、勇攀科学高峰的责任感和使命感；强化学生工程伦理教育，培养学生精益求精的大国工匠精神，激发学生科技报国的家国情怀和使命担当。加快构建中国特色哲学社会科学学科体系、学术体系、话语体系。帮助学生了解相关专业和行业领域的国家战略、法律法规和相关政策，引导学生深入社会实践、关注现实问题，培育学生经世济民、诚信服务、德法兼修的职业素养。

3. 教育引导学生深刻理解并自觉实践各行业的职业精神、职业规范，增强职业责任感，培养遵纪守法、爱岗敬业、无私奉献、诚实守信、公道办事、开拓创新的职业品格和行为习惯。

在此基础上，及时更新教材知识内容，体现产业发展的新技术、新工艺、新规范、新标准。加强教材数字化建设，丰富配套资源，形成可听、可视、可练、可互动的融媒体教材。

教材建设需要各方的共同努力，也欢迎相关教材使用院校的师生及时反馈意见和建议，我们将认真组织力量进行研究，在后续重印及再版时吸纳改进，不断推动高质量教材出版。

机械工业出版社

前　言

　　党的二十大报告指出，要着力提升产业链供应链韧性和安全水平，着力推进城乡融合和区域协调发展，推动经济实现质的有效提升和量的合理增长。这一重要论断为新时代电商行业发展擘画了深远蓝图，坚定了大家深耕电商行业的发展信心。

　　本书是"十三五""十四五"职业教育国家规划教材，依据《中等职业学校电子商务专业教学标准》，组织电子商务专业教师，根据电子商务专业教学改革的需要，对电子商务基础知识进行了总括性的介绍，着重对于学生创新意识和创新能力的培养，以适应2035年"高水平科技自立自强，进入创新型国家前列，建成科技强国"的国家战略目标。

　　本书对电子商务基础内容进行梳理，建立起电子商务的基本概念框架，融入与电子商务相关的技术、操作、支付、岗位、运作等内容。通过认识、领会和实践三阶段，进行分项目教学，以"项目—任务—活动"的形式呈现，设置情景，安排任务，切入典型案例分析，增加素养元素用以组织实践与体验活动。针对关键知识与技能点，设置练习与训练，加深理解与掌握，使学生对电子商务有全面的认识与了解。对于电子商务专业的学生来说，本书将为他们学习电子商务专业课程打下基础，为后续专业核心课程的学习做好铺垫。在编写方法上，本书遵循理论知识与实际案例相结合的指导思想和由浅入深、认知体验的原则，以学生为中心，并突出职教特色，力求以易看懂、易操作的方式将课程内容呈现给广大读者。

　　通过本课程的学习，学生应能建立起电子商务的基本概念框架，将电子商务的基础知识和技能融会贯通，并灵活应用于后续的专业课程学习、工作实践和网络化生活。本书建议72学时完成，具体学时分配如下：

项　目	内　容	参考学时
项目一	电子商务认知	9
项目二	网购体验	12
项目三	网店美工	12
项目四	网络营销	9
项目五	客户服务	9
项目六	电商物流	9
项目七	网店开设	12

　　本书由杭州市开元商贸职业学校王欣担任主编，杭州市开元商贸职业学校许彦妮、广州市纺织服装职业学校陈任绯担任副主编。具体分工如下：许彦妮编写项目一；徐飞飞编写项目二；孟虹编写项目三；朱亚京编写项目四；陈任绯编写项目五；严文煜编写项目六；蒋徐贝编写项目七。编写人员均为全国中高职院校电子商务一线教师，教学与实践经验丰富。

　　本书在编写过程中得到了杭州市开元商贸职业学校、广州市纺织服装职业学校、广西物资学校、广州交通技师学院等单位的大力支持，并参考了一些电子商务基础等方面的网站资料和书籍，在此一并表示衷心感谢！由于编者水平有限，不足之处在所难免，疏漏之处敬请读者指正。

编　者

二维码索引

目　录

项目一 电子商务认知

项目简介

本项目中，我们将从电子商务行业认知着手，了解电子商务的定义与要素、模式与运作，同时运用网络搜索引擎查找相关信息，通过互联网浏览电商网站，下载并实际操作各类App等，以此了解和认识我们身边的电子商务。

项目目标

知识目标

- 了解电子商务的基本概念。
- 了解电子商务的发展与趋势。
- 掌握电子商务相关技术。
- 掌握电子商务岗位设置及各岗位任职要求。

能力目标

- 能够辨析电子商务的运作模式。
- 能够熟练借助互联网查询相关信息。

素养目标

- 树立基本电子商务从业意识。

任务一 初识电子商务

任务介绍

在这一任务中，我们将学习与梳理电子商务的一些基础知识，使同学们对电子商务有一个基本的认知。通过活动一"寻找电商"，学生需理解电商的基本概念，明确传统商务和电子商务的区别；通过活动二"辨析电商"，学生将以开设一家网店为出发点，分析实体店与网络店铺的区别，包括它们各自的优缺点，以及电商的业务模式以及运作流程。

活动一 寻找电商

活动描述

小张是一名计算机专业的大学生，其父母经营着一家专门销售手机及其配件的实体店铺。然而，近年来卖手机的实体店铺生意越来越难做，店铺租金高、吸引客户难成为制约其发展的主要障碍。小张的父母了解到，现在网上卖手机的店铺很多，销量也不错，就想让小张开个网店进行网上销售，扩大产品销售渠道。小张明白了父母的意思，但是他对电子商务一知半解，所以想先了解到底什么是电子商务。

活动实施

第一步：通过各种渠道，了解电子商务

小张对电子商务一知半解，但在平时生活中的确也接触过不少电子商务形式，因此他借助网络、抱着学习的态度开始了电商学习之旅。

形式一 淘宝网店

小张知道在淘宝网上开店就是电子商务的一种形式，他点开了最为熟悉的淘宝网，并且搜索了"华为手机"，想了解目前卖手机的网店到底是怎样的。他发现网上卖手机的店铺（见图1-1）非常多，而且信息量丰富、价格具有吸引力，很多还是信誉度很高的老店，拥有大量的优质评价。小张觉得在网上买手机还真是经济实惠、方便快捷。

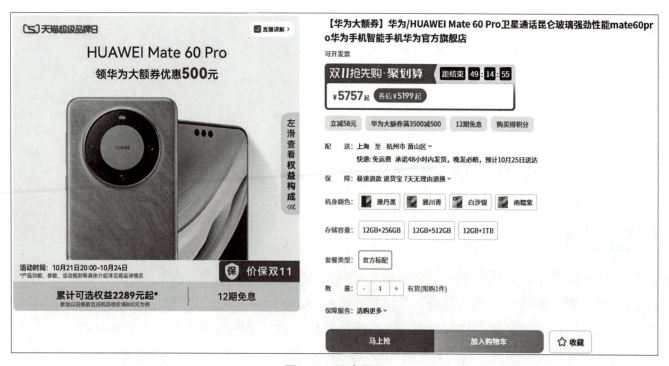

图1-1 网店页面

形式二　团购信息

小张发现还有像美团、拼多多、聚划算这样的团购类网站和快团团等社群团购小程序（见图1-2），它们与淘宝网类似但又不同。这些平台上的商品有些有数量限制，往往能以超低折扣团购入手，也非常吸引人。小张通过网络搜索了解到，团购网站的商品其实也都是属于很多不同店铺，商家主动参与到团购网站的促销中，以此来获得更高的曝光率和更大的销量。

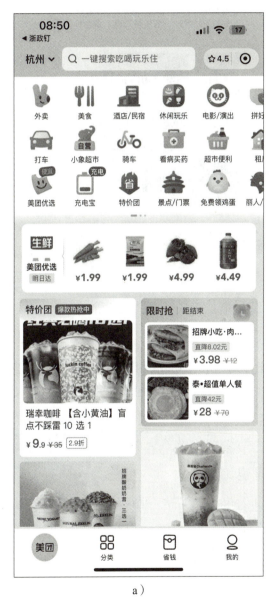
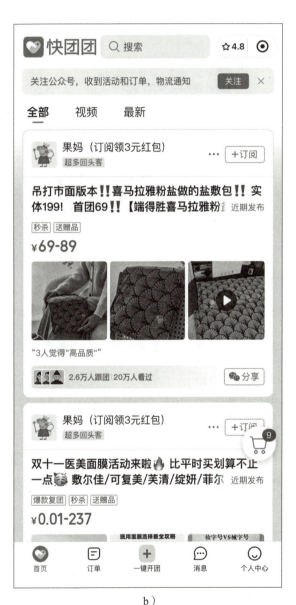

a）　　　　　　　　　　　　　　　　b）

图1-2　社群团购小程序页面

形式三　朋友圈微商

小张除了关注各类购物网站，还开始留意身边做生意的一些朋友，看看能否通过他们找到一些商机。他发现，朋友圈有很多人从事微商（见图1-3），即放几张商品图片、写上一段具有营销理念的话语，发送至朋友圈。他觉得这样也挺不错，可以为自己店铺的商品打广告、提高曝光度，而且成本低廉、效果显著，能让更多的朋友了解自己的商品。

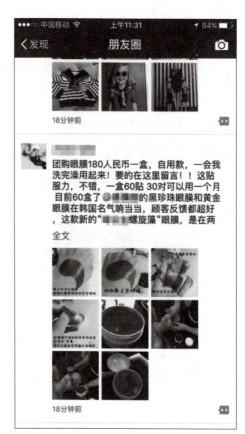

图1-3　微信朋友圈商品广告

💡 **想一想**

请同学们深入思考并结合网络搜索，再寻找一两个生活中常见的电子商务形式。

第二步：归纳电子商务定义，明晰电商形式

小张通过网络搜索了解到，电子商务一词源自Electronic Business，就是通过现代信息技术手段进行的商业事务活动（见图1-4）。在电子商务飞速发展的这几年，越来越多的消费者通过网络渠道，如淘宝、京东、网易考拉海购等购买商品，支付、物流都十分方便快捷。通过网络进行在线购物与支付，节省了很多宝贵的时间，极大提高了交易效率，商品的选择范围也比以往大很多。

图1-4　电子商务的组成形式

📖 **知识链接** ▶▶▶

现代信息技术、商务与网络搜索

1. 现代信息技术

现代信息技术是以微电子学为基础的计算机技术和电信技术深入融合而形成的技术手段。这一技术手段能够对声音、图像、文字、数字和各种传感信号的信息进行获取、加工、处理、储存、传播和使用。现代信息技术包括微电子技术、光电子技术、通信技术、网络技术、感测技术、控制技术、显示技术等。

2. 商务

商务是广义的概念，是指一切与买卖商品服务相关的商业事务。商务活动是指企业为实现生产经营目标而从事的涉及资源、知识、信息等交易的各种活动的总称。

3. 网络搜索

网络搜索是指利用搜索引擎（如360搜索）对互联网上的信息进行搜索。用户输入关键词进行检索，搜索引擎从索引数据库中找到匹配该关键词的网页。

常用的网络搜索途径主要包括：

1）直接键入网址访问目标网页。

2）利用搜索引擎进行查询，诸如百度、360搜索、有道搜索等皆是广受欢迎的选择。举例来说，只需在搜索引擎的搜索框内输入"电子商务"这一关键词，便能迅速检索到网络中与该词相关的各类网页信息，极为便捷。

3）通过访问在线数据库获取信息，例如中国知网（http://www.cnki.net/）与万方数据（http://www.wanfangdata.com.cn/）便是其中的佼佼者。

试一试

请尝试通过网络搜索引擎，查找电子商务的定义。同时，请同学们结合身边的事例和图1-4，得出电子商务的定义。

电子商务是_____

_____

知识链接 ▶▶▶

传统商务与电子商务概览

1. 传统商务的定义

传统商务是指买卖双方利用电话、传真、信函和传统媒体来实现商务交易和管理过程。买卖双方能够借助传统手段进行市场推广、广告宣传、收集营销信息、接收订单、确认购买、支付款项、提供服务和支持等。

2. 传统商务与电子商务的运作过程

传统商务和电子商务的运作过程，均由交易前的准备、贸易磋商、合同签订与执行以及支付与清算4个环节组成，但是两者具体的实施手段却大相径庭，见图1-5。

图1-5 传统商务与电子商务的运作过程

3. 电子支付

电子支付是指从事电子商务交易的当事人，包括消费者、厂商和金融机构，通过信息网络，使用安全的信息传输手段，采用数字化方式进行的货币支付或资金流转。这一过程主要包括电子货币类、电子信用卡类和电子支票类等多种支付方式。

议一议

电子商务其实已经深入我们生活的各个领域，请同学们利用网络资源，对下面5幅图所呈现的信息进行检索，判断它们是否属于电子商务。

微信支付

可的便利店

携程旅行

小米商城

滴滴出行

理一理

请同学们思考，从商务活动交易前的准备、贸易磋商、合同签订与执行以及支付与清算4个环节来看，传统商务和电子商务有什么联系与区别？请对上述4个环节进行梳理，并填写表1-1。

表1-1　传统商务和电子商务的联系与区别

商务活动环节	传统商务	电子商务
交易前的准备	商品信息发布途径（　　　）	商品信息发布途径（　　　）
（　　　）	贸易单证通过（　　　）传递	贸易单证通过（　　　）传递
（　　　）	签订（　　　）合同	签订（　　　）合同
（　　　）	支付、清算方式（　　　）	支付、清算方式（　　　）

知识加油站

美团外卖

美团外卖App（见图1-6）是美团网旗下的一款提供线上外卖订餐服务的平台，于2013年11月正式上线，已覆盖北京、上海、广州、天津、西安、沈阳、厦门、宁波、武汉、昆明等城市。

对于那些既热爱美食又偏好宅在家中的消费者而言，美团外卖App无疑是一个福音。通过这款应用，用户可以轻松预订并享受周边的美食佳肴。只需在手机上下单并完成支付，便能在与商家约定的时间内便捷地收到外卖，整个过程既迅速又方便。

图1-6　美团外卖App

💡 **做一做**

　　根据电子商务的定义及电子商务与传统商务运作流程，对下述关于美团外卖的描述做基本判断，正确打"√"，错误打"×"，由此判断美团外卖是否属于电子商务企业。

　　1. 美团外卖App是利用移动互联网进行商务活动的。　　　　　　　　　　　　（　　）

　　2. 打开美团外卖App，我们能够搜索到附近的外卖商家及商品信息，可以直接预订周边美食，享受简便的订餐体验。　　　　　　　　　　　　　　　　　　　　　　　　　　　　　（　　）

　　3. 美团外卖的运营模式和传统的打电话订餐类似，都是美食送到后再付钱给送货员。　　（　　）

活动评价

评价项目	自我评价		教师评价	
	小结	评分	点评	评分
1. 能说出电子商务的定义（25分）				
2. 能寻找出生活中几种不同形式的电子商务（25分）				
3. 能对电商企业进行准确判断（25分）				
4. 能说出传统商务与电子商务的异同点（25分）				
合　　计				

活动二　辨析电商

活动描述

小张逐渐明白了什么叫电子商务，但他还是不清楚如何针对实体店建立起相应的网上店铺。现在让我们和小张一起，从分析电商要素做起，辨识实体店与网店的区别与它们各自的优缺点，并通过分析网上商品交易过程，了解电商运营流程，探讨电子商务系统的组成。

活动实施

小张准备通过亲身实践和网络学习，深入理解实体店和网店之间的联系和区别，并探索如何将实体店与网店的运营相结合，为将来自己开设网店做好准备。

第一步：理解电商要素，开拓网络市场

小张通过学习了解到，如果要把家里的实体店进行电商化运营，需要把店铺里的商品拍成照片并上传至网店。实现商品销售并收款，需要开通网上银行。同时，为了完成整个销售流程，他还要找快递公司给客户发货。整个购买、销售过程和实体店的操作方式完全不同。

📖 知识链接 ▶▶▶

电子商务四要素

1. 商流

商流是指商品在买卖双方之间进行交易和商品所有权转移的运动过程，具体是指商品交易的一系列活动。简单地说，就是确定谁和谁做生意。

2. 信息流

信息流包括商品信息的提供、促销活动、技术支持、售后服务等内容，也包括询价单、报价单、付款通知单、转账通知单等商业贸易单证，还包括交易方的支付能力、支付信誉等。简单地说，信息流涉及的是货物贸易中相关信息如何传递的问题。

3. 资金流

资金流主要是指资金的转移过程，包括付款、转账等环节。简单地说，资金流描绘的是货款由一方转移到另一方的动态路径，其流向通常与商流是一致的。

在电子商务的背景下，以上三种流的处理都可以通过计算机和网络通信设备实现。

4. 物流

物流作为四流中最为特殊的一种，是指物质实体（商品或服务）的流动过程，具体指运输、储存、配送、装卸、保管、物流信息管理等各种活动。简单地说，物流就是货物的流动方向，其流向通常与商流是一致的。

这四要素相互联系、相辅相成。商流要靠物流来实现，商流和物流又要靠信息流来支撑和运转，资金流则随着商流和物流的流转而流动。更为重要的是，电商四要素在互联网环境下才能得到有效实现与控制，这是电子商务与传统商务的主要区别。

💡 **做一做**

请根据电子商务四要素，帮助小张归纳在开设网店过程中，这4个要素分别体现在哪些方面。

商流	网店内手机及配件的价格和具体参数
	支付宝付款
信息流	店铺信誉及评分
	申通快递配送
资金流	销售手机等一系列的活动
	店铺支持7天无理由退换货
物流	订单信息
	店铺促销信息

第二步：理解电商作用，体会电商特点

小张了解到，其实很多网店都是从实体店开始进行转型的。实体店意味着拥有可靠的货源和具体的商品。但是实体店存在租金成本高、囤货风险大等问题，而网店成本会低很多。

案例一　传统百货进军电子商务

银泰百货成立于1998年，是一家全面架构在云上的互联网百货公司，位居中国百货零售业前列。银泰百货立足全国，以创新为血脉，线上线下齐头并进，以"让天下商场没有难做的生意"为使命，致力于成为大数据驱动的消费解决方案提供商。银泰商业作为阿里巴巴新零售战略中的重要一员，持续引领百货行业的新零售变革。通过"人、货、场"的数字化重构，实现会员通、商品通和服务通。

银泰百货致力于建立数字化会员系统和全国首个百货业付费会员体系INTIME365，整合优化供应链。银泰创新新零售，推出喵街等多个互联网+产品，着力打造智能化新商场，开创了线上线下相融合的购物场景和营运模式。

1. 首店

2020—2022年，全国银泰百货入驻了330多家首店，其中，全国级首店30家，省级首店94家，从数量到质量再上台阶，银泰百货也借此领跑城市"首店经济"。

2. 专柜货，全网买

银泰百货全面开启新零售模式，实现了线上喵街App、"银泰百货INTIME"微信小程序、"银泰百货"支付宝小程序等全渠道购买。线上线下的购物同款、同价、同营销，用户购物能获得全渠道无差别的消费体验。

3. 定时达

银泰百货首创"定时达"服务，商场的工作人员只需一键操作，线上订单就能自动流转至最近的线下门店，由即时物流的配送员上门取货，包裹可以像外卖一样送达。此外，银泰旗下65家门店的商品均可以通过普通快递发往全国。消费者在喵街App下单，银泰百货旗下八成门店最快1小时定时达。

4．奢品到家

"奢品到家"是银泰为奢侈品顾客推出的新零售专属服务。银泰通过门店网点化，做到比电商平台更快的"末端公里送达"，让顾客足不出户就能第一时间收到来自专柜的奢侈品。"奢品到家"还将陆续推出成衣修改、奢品养护、衣橱整理等服务，做到不仅把奢品送到家，更把奢体验也送到家。

5．60天无理由退换货

银泰百货在行业内首推的"60天无理由退换货"（服装、鞋靴类商品），以及喵街的免费上门取件服务，让INTIME365会员在银泰百货的购物得到了360度的保障。

银泰商场和喵街App见图1-7。

图1-7　银泰商场与喵街App

案例二　原创女装，靠网店成就销售神话

茵曼（INMAN）品牌女装，是一个于2008年创立的棉麻生活品牌，凭借以"棉麻艺术家"为定位的原创设计享誉互联网，是中国成长最快、最具代表性的网络服饰零售品牌之一。

茵曼在网络上取得成功后开始寻求实体店铺发展，布局线下实体渠道。茵曼推出线上线下一体的OAO新模式，专注于二三线城市的市场布局；为实体店铺配备定制的OAO触摸屏，利用人机互动的方式（客户+OAO触摸屏）实现线上线下产品共享、会员共享、促销共享；统一后端的ERP（企业资源计划）系统以及仓储、配送体系，真正打通线上线下购物渠道。

截至2024年11月，茵曼在全国拥有600家线下生活体验馆，门店遍布179个城市。其网店与实体店见图1-8。

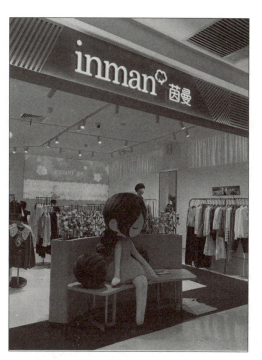

图1-8　茵曼官方商场小程序与实体店

理一理

　　请同学们结合上述案例，针对商务活动的商流、信息流、资金流和物流四大要素，梳理和归纳电子商务与传统商务各自的优势与劣势，并填写表1-2。

表1-2　电子商务与传统商务优劣势对比

项目	电子商务（网店）	传统商务（实体店）
优势		
劣势		

第三步：选择电商模式，开设网上店铺

　　小张发现，将小件电器实体店电商化还是很有发展前景的，他告诉父母开个手机网店是非常可行的。小张留意到，有人在淘宝、天猫等平台开店，也有人在京东、苏宁等平台开店。这不禁让他心生疑惑：在这些平台开店有什么异同呢？查阅了相关资料后，小张发现这些平台代表着不同的电子商务模式。

📖 知识链接 ▶▶▶

常见的电子商务模式

　　电子商务模式是指企业运用互联网开展经营取得营业收入的基本方式，即在网络环境中基于一定技术基础的商务运作方式和盈利模式。电子商务模式随着其应用领域的不断扩大和信息服务方式的不断创新，类型也层出不穷，主要有以下4种常见类型。

1．B2C——企业与消费者之间的电子商务

B2C（Business to Consumer）就是供应商直接把商品卖给用户，即"商对客"模式，也就是通常说的商业零售，直接面向消费者销售产品和服务。例如，您去麦当劳用餐就是B2C，因为您只是一个客户。天猫、京东等平台均属于此模式。

2．B2B——企业与企业之间的电子商务

B2B（Business to Business）是指商家与商家建立的商业关系。B2B电子商务模式主要有降低采购成本、降低库存成本、节省周转时间、扩大市场机会等优势，是电子商务中历史最长、发展最完善的商业模式之一，能迅速地带来利润和回报。阿里巴巴、慧聪网平台等均属于此模式。

3．C2C——消费者与消费者之间的电子商务

C2C（Consumer to Consumer）是指消费者自行在网上进行商品买卖，属于个人与个人之间的电子商务。淘宝、拍拍、易趣等平台均属于此模式。

4．O2O——线下商务与互联网之间的电子商务

O2O（Online to Offline）将线下商务机会与互联网结合在一起，让互联网成为线下交易的前台。线下商家可以在线上揽客，消费者可以在线上筛选服务。该模式的主要特点是：推广效果可查，每笔交易可跟踪。其优势是：充分挖掘线下资源、消费行为易于统计、服务方便、优势集中、推动电子商务朝多元化方向发展。

想一想

小张不想放弃已有的实体店铺，同时也想开设网店来扩大销售渠道和销量，他应该选择哪种电子商务模式呢？

知识加油站

苏宁云商："门店到商圈+双线同价"的O2O模式

苏宁的O2O模式采取了以互联网零售为核心的"一体两翼"转型策略。依托自身的线下门店和线上平台，苏宁成功实现了全品类、全渠道的价格统一，有效解决了实体零售在转型过程中与线上渠道之间的竞争问题。在这一模式下，苏宁的实体店已转变为集商品展示、用户体验、物流配送、售后服务、休闲社交及市场推广等多功能于一体的新型门店——云店。云店内提供免费Wi-Fi、电子价签以及多媒体电子货架，并运用互联网和物联网技术，收集并分析消费者行为数据，推动实体零售迈入大数据时代。

在2014年"双十一"期间，苏宁举办了第二届O2O购物节，通过门店、网站、手机App和智能电视"四端协同"的策略，取得了不俗的成绩。苏宁以互联网零售为主体，结合"一体两翼"的转型布局，已逐步稳固其市场地位，并进入效益增长阶段。作为传统零售企业向互联网零售转型的典范，苏宁的"自营O2O模式"在"双十一"期间展现出了初步成效。

2018年1月14日，苏宁云商发布公告称，计划将"苏宁易购"升级为公司名称，以便统一企业公司名称与渠道品牌名称，突出智慧零售主业。变更后，该公司名称变为"苏宁易购集团股份有限公司"。

2024年，苏宁易购聚焦"零售服务商战略"，加速实现从"买家电到苏宁易购"向"定制家庭场景到苏宁易购"的升级。通过供应链、零售运营和用户服务能力提升，深化开放合作和零售赋能，坚定全渠道发展，深化区域布局与本地化经营，苏宁易购零售服务商战略进入发展空间全面开拓、合作效率全面提升的发展新阶段。苏宁易购实体店与网上购物平台见图1-9。

图1-9　苏宁易购实体店与网上购物平台

想一想

请同学们访问苏宁易购官方网站（http://www.suning.com/），了解其O2O的运作模式，并思考在我们身边还有哪些电子商务模式。

理一理

请同学们梳理4种常见的电子商务模式，概括其特点，并通过网络搜索寻找2~3家典型的网站，完成表1-3。

表1-3　电子商务模式

电子商务模式	特点	典型的网站（名称+网址）
B2B		
B2C		
C2C		
O2O		
其他		

第四步：了解电子商务系统，理解运作过程

小张决定采用O2O模式作为其电商业务的主要模式，在开店过程中，小张发现需要进行电子商务平台（即电商模式）的选择、身份认证以及客户服务方式、支付方式和物流配送方式选择等。这一系列操作涉及用户、商家、银行、物流、认证中心等多个主体，形成一个庞大的相互支撑互助的电子商务系统。

📖 **知识链接** ▶▶▶

电子商务系统

完整的电子商务系统包括以下内容。

1. 电子商务网站与网络平台

电子商务网站是电子商务系统的前台部分，作为电子商务人机交互平台和信息流的界面平台，其主要功能就是发布商务信息、接收客户需求。

电子商务系统的网络平台包括互联网（Internet）、企业内部网（Intranet）、企业外部网（Extranet）和商业增值网（VAN）等。一个完善的电子商务系统的网络平台应该具备以下特点：连接性、协同性、安全可靠性、选择多样性和适应性。

2. 客户服务中心

客户服务中心是电子商务系统的后台部分，在交易过程中提供服务平台。其主要职能就是处理客户投诉和满足客户需求。小型商家会设立专门的客服岗位来满足客户的需求。

3. 支付中心

支付中心提供资金流平台，其功能是为电子商务系统中的采购者、供应者等提供资金支付方面的服务。在现实交易中，一般由银行在网络中发挥支付中心的作用。

4. CA认证中心

CA（Certificate Authority）认证中心，是采用PKI（Public Key Infrastructure）公开密钥基础架构技术，专门提供网络身份认证服务，负责签发和管理数字证书，且具有权威性和公正性的第三方信任机构。它就像我们现实生活中颁发证件的公司，如护照办理机构，提供交易双方的信用保障。在网络交易中，买卖双方必须先通过CA认证才能进行交易，以保证双方的交易安全。

5. 物流配送中心

物流配送中心提供物流平台，负责商品的分类、包装、保管、流通加工及信息处理，并按众多用户要求完成配货、送货等作业。

第五步：了解电子商务的发展与趋势

小张在深入学习电子商务相关知识的同时，逐渐认识到电子商务是一个日新月异的行业，在不断地发展与变化。小张了解到电子商务领域出现两个新名词："移动电子商务"和"跨境电子商务"，让我们一起跟着小张来看看电子商务的发展与趋势吧。

一、移动电子商务的发展

移动电子商务（M-Commerce）（见图1-10）是由电子商务（E-Commerce）的概念衍生出来的。电子商务以PC为主要界面，是有线的电子商务；而移动电子商务是利用手机及掌上电脑等各种无线终端进行的B2B、B2C、C2C或O2O的商务活动。它将互联网、移动通信技术、短距离通信技术及其他信息处理技术完美地结合，使人们可以在任何时间、任何地点进行各类商贸活动，实现随时随地、线上线下的购物与交易、在线电子支付以及各种交易活动、商务活动、金融活动和相关的综合服务活动等。

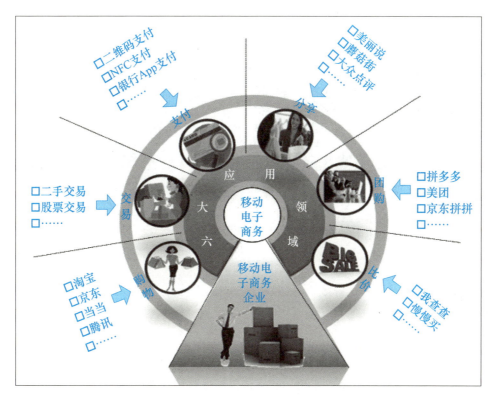

图1-10 移动电子商务应用领域

截至2024年6月，我国手机网民规模达10.96亿人，网民使用手机上网的比例为99.7%。手机的使用比传统计算机更加方便快捷，这也为移动电商在我国的发展奠定了强大的基础。在我们的生活中，移动电商无处不在，如手机淘宝、京东App、拼多多App等，这些移动电商平台使得消费者能随时随地在线上购物与支付。

二、跨境电子商务的发展

跨境电子商务（Cross-Border Electronic Commerce）是指分属不同关境的交易主体，通过电子商务平台达成交易、进行支付结算，并通过跨境物流送达商品、完成交易的一种国际商业活动。

跨境电子商务作为推动经济一体化、贸易全球化的技术基础，具有非常重要的战略意义。跨境电子商务不仅冲破了国家间的障碍，使国际贸易走向无国界贸易，同时它也引起了世界经济贸易的巨大变革。对于企业来说，跨境电子商务极大地拓宽了企业进入国际市场的路径；对于消费者来说，跨境电子商务可使他们非常容易地获取其他国家的商品信息并买到物美价廉的商品。

以前，很多消费者为了以相对低廉的价格购买国外商品，往往通过Amazon（亚马逊）、乐天等网站进行海淘，现在则可以通过跨境电商这种更加便捷的途径来购买海外商品。

消费者可以在天猫国际（见图1-11）、网易考拉海购等平台上淘到很多国外优质商品。目前，跨境电商平台众多，竞争也非常激烈。

图1-11 天猫国际首页

教育看点

发展实体经济

实体经济是一国经济的立身之本。党的二十大报告提出，"建设现代化产业体系。坚持把发展经济的着力点放在实体经济上，推进新型工业化，加快建设制造强国、质量强国、航天强国、交通强国、网络强国、数字中国。""加快发展数字经济，促进数字经济和实体经济深度融合，打造具有国际竞争力的数字产业集群。优化基础设施布局、结构、功能和系统集成，构建现代化基础设施体系。"

围绕发展实体经济，落实"十四五"规划应注重以下4个方面：

第一，保持制造业比重基本稳定，奠定实体经济发展基石。

第二，推动战略性新兴产业大发展，构筑产业竞争新优势。

第三，推进新型基础设施建设，促进数字化转型。

第四，优化发展环境，为实体经济发展提供保障。

搜一搜

1. 请同学们访问天猫国际、网易考拉海购、阿里巴巴国际站等跨境电商平台，探究这些网站有什么异同。

2. 请上网搜索在线外贸交易平台——速卖通（www.aliexpress.com），浏览网站相关内容。

活动评价

评价项目	自我评价		教师评价	
	小结	评分	点评	评分
1. 能归纳出几种电子商务的业务模式（30分）				
2. 能归纳出传统商务与电子商务的优劣势（35分）				
3. 能归纳出电子商务系统的组成要素（35分）				
合　计				

任务二
电商从业认知

任务介绍

在这一任务中，我们将学习电子商务的相关技术以及从业要求，使同学们对电子商务从业有一定的认知。通过活动一"认识技术"，认识电子商务相关技术，使学生对电商技术有一定的了解；通过活动二"从业认知"，了解目前电子商务类岗位的设置与任职要求，让学生对电商职业有明确的认识。

活动一　认识技术

活动描述

作为计算机专业的毕业生，小张认识到电子商务与计算机相关技术是密不可分的，电子商务正是在现代信息技术的不断发展和应用过程中产生和发展起来的。电子商务运作的各个环节都需要有足够强劲的信息技术的支撑，让我们跟着小张来了解一下电子商务的相关技术吧。

活动实施

第一步：通过各种渠道，了解计算机网络技术

作为计算机专业的毕业生，小张对计算机技术有一定的理解。小张查阅资料后发现，电子商务（Electronic Commerce）利用计算机技术、网络技术和远程通信技术，实现整个商务（买卖）过程的电子化、数字化和网络化。

📖 **知识链接** ▶▶▶

计算机网络的定义及分类

1. 计算机网络

计算机网络是指将地理位置不同的具有独立功能的多台计算机及其外部设备，通过通信线路连接起来，在网络操作系统、网络管理软件及网络通信协议的管理和协调下，实现资源共享和信息传递的计算机系统。图1-12为计算机网络的示意图。

2. 计算机网络的分类

通常我们按照分布区域的大小，将计算机网络分为局域网、城域网和广域网，见图1-13。

1）局域网的规模相对较小，通信线路短，覆盖地域的直径一般为几百米至几千米。

2）城域网是指覆盖一个城市范围的计算机网络。

3）广域网则是指更大范围的网络，覆盖一个国家，甚至整个地球。

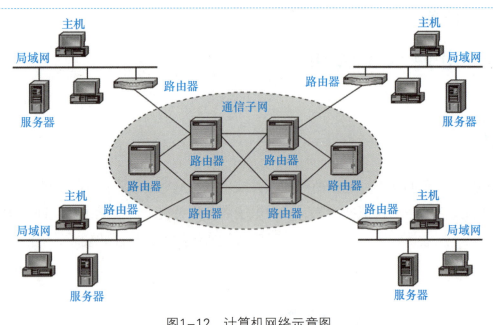

图1-12 计算机网络示意图

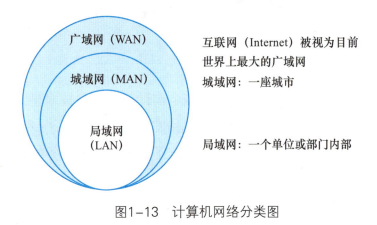

图1-13 计算机网络分类图

第二步：了解互联网技术

互联网在现实生活中应用很广泛，在互联网上我们不仅可以聊天、玩游戏、查阅资料，还可以进行广告宣传和购物，给我们的现实生活带来很大的便利。电子商务活动的开展也离不开互联网技术，让我们一起来了解互联网技术吧。

📖 **知识链接** ▶▶▶

互联网及其地址方案

1. 互联网

互联网是一个全球性、极具影响力的计算机互联网络，它遵循统一的全球规则（协议），分布于世界各地。它既是世界上规模最大的互联网络，也是一个庞大的信息资源库。

互联网具有如下几个特点：①能够快速传播全球信息，提供便捷的检索服务；②可实现多媒体信息通信；③费用低廉；④具有极为丰富的信息资源。

2. IP地址和域名

互联网中的地址方案分为两套：IP地址和域名。这两套地址方案是相互对应的关系。

（1）IP地址。互联网地址可以用多种方式表示，但在进行网络通信时，都必须转换成一个32位的二进制IP地址。IP地址是一种层次结构地址，适用于众多网络的互联，特别是互联网。每个网络的主机和路由器都有一个IP地址，该IP地址由32位二进制数字表示，每8位分成一段，共4段，每段转换成一个介于0～255之间的十进制数字，例如10.74.192.30。

（2）域名。由于IP地址是一串枯燥的数字，不易记忆，因此互联网引入了便于记忆的、富有一定含义的字符型地址——域名。在互联网上，根据域名系统定义的、作为服务器的计算机的名字即域名（Domain Name）。域名在互联网上是唯一的，遵循由互联网制定的一套命名机制，这套机制称为域名系统（Domain Name System，DNS）。域名和IP地址之间是一对一或多对一的关系，且域名系统采用的是分布性层次式的命名机制。域名细化实例见图1-14。

图1-14　域名细化实例

🌐 **搜一搜**

请通过网络搜索，完成表1-4和表1-5。

表1-4　机构域名

域名	代表的机构	域名	代表的机构
.com		.net	
.edu		.gov	

表1-5　国家域名

域名	代表的国家	域名	代表的国家
.us		.uk	
.de		.jp	

第三步：了解电子商务的新技术

电子商务行业的发展日新月异，随之出现了很多新技术，助推着电子商务行业的变革。电子商务新技术能使电子商务实现智能化、系统集成化和个性化，是电子商务持续创新与发展的源泉和动力。目前，电子商务领域备受关注的新技术有VR、AR、AI、BI等。

📘 **知识链接** ▶▶▶

电子商务领域的新技术

1. 虚拟现实

虚拟现实（Virtual Reality，VR）是一种高新技术，它利用计算机模拟出一个三维空间的虚拟世界，提供视觉、听觉、触觉等感官的模拟，让用户如身临其境一般，可以实时、无限制地观察三度空间内的事物。

2. 增强现实

增强现实（Augmented Reality，AR），也称为混合现实。它通过计算机技术，将虚拟信息应用到真实世界，将真实环境和虚拟物体实时地叠加到同一个画面或空间，实现虚拟与现实同时存在。

3. 人工智能

人工智能（Artificial Intelligence，AI）是智能学科重要的组成部分，它企图了解智能的实质，并生产出一种能以与人类智能相似的方式做出反应的智能机器。该领域的研究包括机器人、语言识别、图像识别、自然语言处理和专家系统等。

4. 商业智能

商业智能（Business Intelligence，BI），又称商业智慧或商务智能，是指运用现代数据仓库技术、线上分析处理技术、数据挖掘和数据展现技术进行数据分析，以实现商业价值的技术手段。

知识加油站

VR与AI的应用

VR（虚拟现实）购物把实体店"搬进"手机里

打开某电商的App，并再次点击进入一款电饭煲的页面，这时出现了三维立体画面，用手翻转屏幕，可看到前后左右的每个细节。这个画面是VR在电商领域的应用，VR购物（见图1-15）已悄然进入使用阶段。网购最被人诟病的缺点就是缺乏体验感，虽然网店通过详尽的图文展示产品，但终归不如拿在手里实在。VR、AR（增强现实）技术的应用就是针对这一痛点，"把线下实体店搬进手机里"。

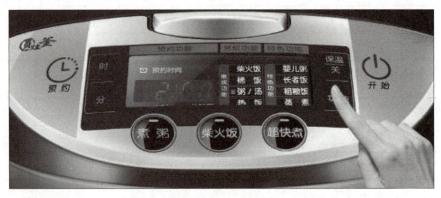

图1-15　VR购物

VR包括AR购物能够增强消费者的购物体验感，从而刺激他们的购物欲。各大电商平台均在VR领域投入了大量精力，以京东为例，早在2017年的"618"电商节中，就有众多产品采用了VR形式进行展示，令人眼前一亮。阿里在VR领域的布局同样不甘人后，早在2016年，阿里便宣布成立了VR（虚拟现实）实验室。同年，阿里的"造物神计划"开放平台战略也正式启动，紧随其后，阿里巴巴旗下的VR购物新模式Buy+也惊艳亮相。

AI（人工智能）正在改变电商，未来网购还能怎么玩

"人工智能"几乎成为"未来"的代名词，不少行业都形成了"谁掌握AI，谁就掌握了未来"的气氛。在电商行业，人工智能更是成为热门话题。

"我们有望见证人工智能在制定决策、拟定解决方案、提供最新消息等方面扮演重要角色。"Sentient Technologies首席执行官安东尼·布朗多（Atoine Blondeau）表示："社会的效率将前所未有地提高，在逻辑思维、电子商务、医疗、金融等领域,人工智能将为我们带来前所未有的丰硕成果。经过优化的人工智能系统可以帮助我们将物品和信息更加快速、低价地运送到目的地,让人们得以见识,甚至购买一些他们不曾见过也不曾想过的物品。"

人工智能将对电商产业产生多方面影响。"个性化是个多维度的问题,很多消费者的购物习惯有着微妙的差别,需要通过大量的数据分析实现个性化服务。有了深度学习的算法,网络零售商可以不断地获得机器提供的新信息,以便推出新的产品。"Infinite Analytics首席执行官阿卡什·巴蒂亚(Akash Bhatia)说道。这些信息是极其重要的,它们能帮助商家更好地了解每个用户的个性需求。改善用户体验是人工智能在电商领域的另一个重要作用。网购消费者对人工智能在电商领域的进步很感兴趣。人工智能使消费者的品牌倾向、喜好和需求一览无遗,从而为消费者创造更加便捷的生活方式。值得一提的是,人工智能对电商供应商的重要性不容小觑。供应商想要为消费者提供更加符合个性化需求的产品,不得不耗费大量的时间寻找不同的方式进行调查和测试,还要调整产品以迎合需求。这让本就工作繁重的供应商更加难以应对。人工智能极大地解决了这个难题,让供应商和消费者之间的需求交流更加快捷,从而促进产品更新。阿里智慧供应链中台见图1-16。

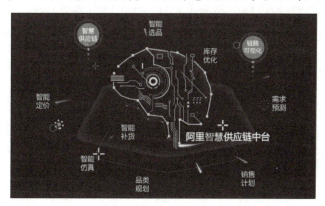

图1-16 阿里智慧供应链中台图示

📖 填一填

1. 计算机网络分为＿＿＿＿＿＿、＿＿＿＿＿＿、＿＿＿＿＿＿。

2. 互联网具有如下几个特点:①＿＿＿＿＿＿;②＿＿＿＿＿＿;③＿＿＿＿＿＿;④＿＿＿＿＿＿。

🔍 搜一搜

请同学们通过网络搜索,寻找电子商务领域还有哪些新技术。

活动评价

评价项目	自我评价		教师评价	
	小结	评分	点评	评分
1. 了解计算机网络技术(30分)				
2. 了解互联网的IP地址和域名(35分)				
3. 了解VR、AR、AI和BI(35分)				
合　计				

活动二　从业认知

活动描述

　　小张逐渐掌握了电子商务的交易流程及相应的网络技术，他想真正地把网店开起来。小张发现，网店的运营需要团队的力量，美工、客服等都是必备的。让我们和小张一起去了解网店到底需要设置哪些岗位吧。

活动实施

第一步：通过各种渠道了解电商岗位

　　网店的工作内容与实体店一样吗？网店的工作内容都有哪些呢？网店需要设置哪些岗位？各岗位的具体工作内容、要求和标准是什么？小张准备通过各种渠道去了解开设网店需要设置哪些主要岗位，为开设网店做好充分的准备。

📖 知识链接 ▶▶▶

网店的岗位设置

　　一个初具规模的网店需要配备完整的团队，以保证高效运转。一般来说，电子商务企业由产品采购、网络零售、美工设计、售后服务、物流仓储等部门共同开展工作，其组织架构见图1-17。

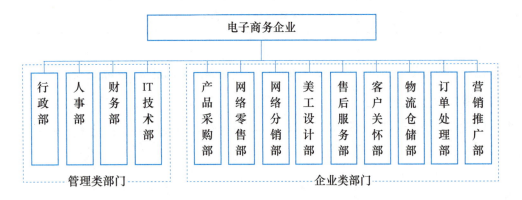

图1-17　电子商务企业组织架构图

这些部门具体细分为运营推广类岗位、客户服务类岗位、网店装修（美工）类岗位和物流仓储类岗位。

1．运营推广类岗位

　　运营推广类岗位是一个综合性较强的岗位，一般由具备丰富的电子商务或网店运营经验的人士来担任。该岗位的工作者要能做数据分析，及时发现店铺存在的问题并迅速调整；能做活动策划，适时地组织策划如满就送、团购、限时抢购等各类促销活动。

2．客户服务类岗位

　　客服人员在网店团队里面是必不可少的，他们通过网站的即时通信工具与客户取得联系并进行沟通。客服被称为"成交前的临门一脚"，好的客服起码是可以"拿下客户"的。

3．网店装修（美工）类岗位

网店装修属于"视觉营销"的范畴。在互联网购物环境中，客户很少进店就咨询，而是会先自行浏览感兴趣的商品，所以，网店装修（美工）类人员要对店铺进行设计、对商品详情进行精心制作，为客户营造一个舒适的浏览环境。网店装修（美工）类人员通过专业软件对照片、文字进行处理，使客户对商品有更加清晰、明确的认识，从而激发他们的购买欲望。

4．物流仓储类岗位

在电子商务交易过程中，发货是重要一环，网店通过物流将货物送至客户手中。网店在运营过程中需要有专门的工作人员，负责商品储存、清点、配货、打包、发货等工作，他们需要及时掌握网店的库存与订单情况。

💡 想一想

通过上述介绍，相信同学们对电子商务的主要岗位有了初步的认识。那么，根据电子商务的岗位设置来看，哪些岗位负责产品销售前的工作，哪些负责产品销售后的工作呢？

第二步：电子商务各岗位任职要求

电子商务的运作需要一个强大的团队，该团队应涵盖运营推广类、客户服务类、网店装修（美工）类和物流仓储类岗位。其实，每个工作岗位的任职要求都是不同的，其中都包含了岗位技能和职业素养。

📖 知识链接 ▶▶▶

1．岗位技能

岗位技能是指从事某个岗位所必备的能力，如有些岗位要求具备娴熟的图片处理能力，了解网络平台推广策略，熟悉电子商务的售前与售后服务流程等。

2．职业素养

素养是指个人修养与素质，在职场中表现为职业素养，在生活中表现为个人素质或者道德修养。具体而言，职业素养包括团队协作能力、认真负责的态度、良好的心理素质等。

我们可以通过网络搜索来了解目前企业在招聘电子商务类人才时都有哪些具体的岗位技能和职业素养要求。

1．运营推广类岗位

网店运营专员负责整个店铺的运营和推广工作，对于像淘宝网这类电商平台的直通车、钻展、聚划算等活动要非常熟悉，并能为店铺设计相应的推广活动，所以其从业要求较高。我们可以通过图1-18来了解网店运营专员的任职要求。

2．客户服务类岗位

网店客服类岗位对技能的要求就显得不那么高了，只要熟悉平台购物流程与规则，具备一定的沟通技巧，能与客户顺畅交流就可以上岗。我们可以通过图1-19来了解网店客服人员的任职要求。

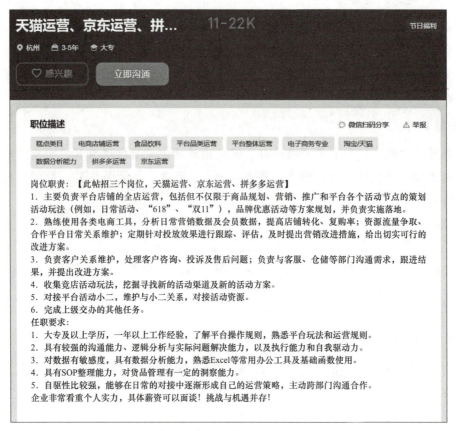

图1-18　网店运营专员的任职要求

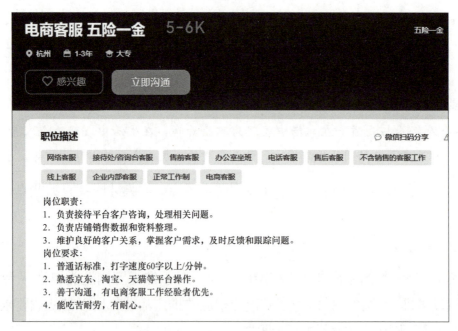

图1-19　网店客服人员的任职要求

3.网店装修（美工）类岗位

网店装修（美工）人员需要具备一定的美工功底，对页面装修、商品构图和色彩搭配有一定的了解，往往需要有一定的从业经验。我们可以通过图1-20来了解网店美工人员的任职要求。

图1-20 网店美工人员的任职要求

4. 物流仓储类岗位

相对来说，物流仓储类岗位对工作人员的技能要求相对较低，只需掌握一定的货物登记和管理知识，熟练打包操作，就能胜任这个岗位的工作。我们可以通过图1-21来了解网店仓储管理员的任职要求。

图1-21 网店仓储管理员的任职要求

理一理

通过学习以上内容，相信同学们对电子商务的岗位设置及任职要求有了一定的认识。请梳理和归纳各岗位的任职要求，并填写表1-6。

表1-6 不同电商岗位的任职要求

电商具体岗位	任职要求	职业素养
运营推广类岗位		
客户服务类岗位		
网店装修（美工）类岗位		
物流仓储类岗位		

试一试

请同学们登录前程无忧人才网（http://www.51job.com/），查找电商专员岗位任职要求，让我们共同探讨这一岗位到底需要满足哪些条件。

活动评价

评价项目	自我评价		教师评价	
	小结	评分	点评	评分
1. 能说出一些电子商务类的岗位（30分）				
2. 能简单定位将来想从事的电商工作岗位（35分）				
3. 对电商岗位的任职要求有一定的了解（35分）				
合　计				

项目总结

通过本项目的学习，学生应能借助互联网熟练查询电子商务相关信息，对电子商务的定义有清晰的认识；理解电子商务四要素，能够辨析传统商务与电子商务的异同点；理解电子商务的4种常见业务模式，了解电子商务系统和运作流程；了解电子商务的相关技术与从业要求，形成对电子商务的感性认识与基础意识，为后续学习做铺垫。

项目练习

一、填空题

1. 电子商务是_____和_____的交叉领域。

2. 电子商务有以下几种常见模式：_____、_____、_____和_____。

3. 电子商务的四大要素是_____、_____、_____、_____。

4. O2O的优势是_____、_____、_____、_____、_____。

5. 电子商务系统包含_____、_____、_____、_____和_____。

6. 电子商务类岗位主要有_____、_____、_____、_____。

二、实践题

请同学们通过网络搜索，探索电子商务发展新趋势，并再寻找一两个相对应的典型电商网站或App，完成表1-7。

表1-7 典型电商网站或App

典型的网站（名称+网址）或App	特点	电子商务模式

项目一
电子商务认知

项目二

网购体验

项目简介

　　本项目中，我们将以客户的身份体验网络购物，了解购物、支付、售后、物流等各环节内容；从客户的角度分析网络购物的优劣和注意事项，以实现换位思考。同时，要熟练掌握网购基本技能，为开设网店打好基础。

项目目标

📖 知识目标

- 了解主流电子商务购物网站及其特点。
- 了解电子商务网站购物的大致流程。
- 掌握电子支付的基本概念、类型、流程及优势。
- 熟悉电子商务中的退款退货条件和流程。

🎯 能力目标

- 能够在电子商务平台上创建账户并完成实名认证。
- 能够熟练地进行网络购物并善于运用售后服务解决问题。
- 能够在电子商务平台进行退货和退款操作。
- 能够操作电子支付工具进行网上购物支付。

📚 素养目标

- 培养作为电子商务参与者的诚信和法律意识。
- 遵守电子商务交易规则，维护良好的网络购物环境。

任务一

准备购物

任务介绍

　　在这一任务中，我们将了解当下主流电子商务购物网站及其特点，从而了解电商网购的大致流程，使同学们进一步加深对电子商务的认识，为购物做好准备工作。通过活动一"轻松注册"，了解淘宝、天猫、阿里巴巴等网站的特点，然后选择一家电商平台进行注册认证；通过活动二"网购搜索"，了解电商购物流程以及网店信誉、销量、评价等情况，能通过搜索引擎利用关键字搜索相关商品。

活动一　轻松注册

活动描述

　　小张已经大致了解电子商务的定义与要素、模式与运作，接下来他想作为客户去体验一下网络购物。小张找到了淘宝网、京东商城、亚马逊、1688等主流电商平台。通过浏览网页，小张分析了这些主流电商的特点，并选择了其中一家电商平台进行了注册。

活动实施

第一步：浏览主流电商平台

小张找到了几个主流电商平台，仔细浏览了网站首页。

知识加油站

主流电商平台

淘宝网

　　淘宝网（www.taobao.com，见图2-1）是阿里巴巴集团旗下的一个在线购物平台，成立于2003年。作为中国最大的网络零售商圈，淘宝网汇聚了大量热爱网购的消费者和众多商家，为买家和卖家提供了一个全面、便捷、安全的交易环境。

图2-1　淘宝网页面

京东商城

京东商城（www.jd.com，见图2-2）是一家大型综合性在线零售商，以其丰富的商品种类、优质的客户服务以及高效的物流配送而闻名。经过多年的快速发展，京东已经成为中国电子商务领域的领军企业之一，并在全球范围内拥有广泛的知名度和影响力。

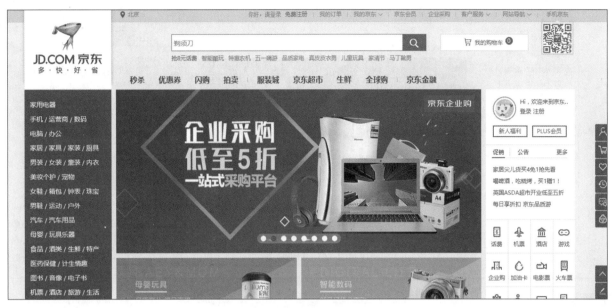

图2-2 京东商城页面

亚马逊

亚马逊（移动端首页见图2-3）是一家大型的跨国科技企业，其总部位于美国华盛顿州的西雅图。亚马逊在全球范围内拥有庞大的用户群体和卖家市场。

图2-3 亚马逊移动端页面

1688

1688（www.1688.com，见图2-4）成立于1999年，是中国领先的小企业国内贸易电子商务平台。

图2-4　1688页面

议一议

请同学们浏览这4个网站，说一说你对这4个网站的印象。

第二步：对主流电商平台进行分析

小张浏览了这4家主流电商平台后，归纳了这些电商平台的特点。

知识链接 ▶▶▶

电子商务网站的特点

1. B2B类型网站：1688

1688是我国最大的综合型内贸线上批发交易平台，为国内的产地工厂及批发商卖家在办公文具、服装饰品、包装材料、家装建材和数码电脑等方面提供与批发买家之间的撮合及线上交易服务。卖家可以在支付年费成为诚信通会员后，在1688免费发布商品、触及用户、询盘及交易。截至2024年3月31日，1688拥有超过100万名付费会员。诚信通会员还可以购买高级会员、增值服务（如高级的数据分析、升级版的店面管理工具）和客户管理服务（如网站和App端的P4P营销服务）。截至2024年3月31日止12个月期间，增值服务及客户管理服务占1688总收入的主要部分。

服务对象：企业和公司。

交易内容：信息和服务。

2. B2C类型网站：京东商城、亚马逊

京东商城是一家综合网络零售商，是我国电子商务领域受消费者欢迎和具有影响力的电子商务网站之一，在线销售家电、数码通信、电脑、家居百货、服装服饰、母婴、图书、食品、在线旅游等十二大类数万个品牌百万种优质商品。京东商城已经建立华北、华东、华南、西南、华中、东北六大物流中心，同时在全国超过300座城市建立核心城市配送站。

服务对象：消费者。

交易内容：商品和服务。

3. C2C类型网站：淘宝网

淘宝网是我国消费者喜爱的消费生活平台，创立于2003年。作为我国领先的数字零售平台，淘宝满足消费者各个方面的需求，并将用户引导到阿里巴巴生态体系内的各种市场、渠道和功能。通过淘宝App这个顶级流量入口，消费者可以触达淘宝商铺的服饰、手工艺品、土特产，天猫旗舰店的品牌好货，天猫超市的日用品、快消品，天猫国际的进口商品，闲鱼的闲置商品等。

"逛淘宝"已经融入我国消费者的日常生活中，尤其受到年轻消费者和高购买力消费群体的欢迎，他们在淘宝上购物、接触新潮流，还可以通过直播、短视频与喜爱的商家及KOL互动。

服务对象：消费者。

交易内容：商品和服务。

议一议

请同学们分析唯品会（www.vip.com，见图2-5）的特点。

图2-5　唯品会页面

第三步：选择电商平台进行注册

小张经过学习和对比之后，决定注册淘宝网账户，以便购买商品并体验淘宝网的功能，下面让我们和小张一起学习如何使用手机号码和邮箱注册淘宝网账户。

知识链接 ▶▶▶

淘宝网账户注册

1. 用手机号码注册淘宝网账户

（1）单击"注册"，见图2-6。

图2-6　单击"注册"

（2）填写手机号码，并用鼠标按住滑块，拖动到最右边，见图2-7。

图2-7　填写手机号码

（3）单击"下一步"，注意一个手机号码只能注册一个淘宝账户，见图2-8。

图2-8　单击"下一步"

（4）淘宝网将会发送验证码到手机，填写手机验证码，见图2-9。

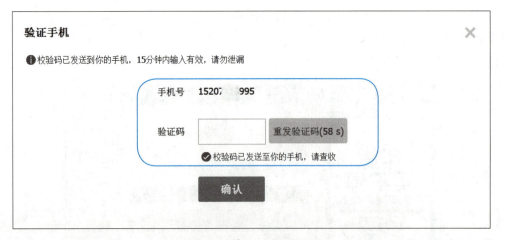

图2-9　输入手机验证码

（5）设置并记好自己的会员名和登录密码，见图2-10。

图2-10　设置会员名和登录密码

（6）单击"提交"即可成功注册。这个账号通用于支付宝、天猫、一淘、聚划算、阿里巴巴等网站，见图2-11。

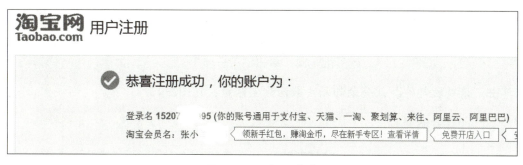

图2-11　注册成功

2．使用邮箱注册淘宝网账户

（1）单击"注册"，见图2-12。

图2-12　单击"注册"

（2）填写邮箱，并用鼠标按住滑块，拖动到最右边，见图2-13。

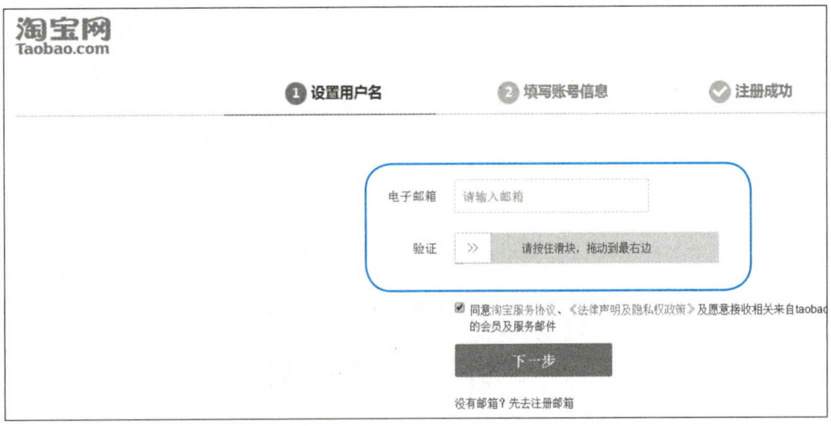

图2-13　填写邮箱

（3）单击"下一步"，当出现两个绿钩符号的时候，证明邮箱有效且可以注册，见图2-14。

图2-14　单击"下一步"

（4）单击"请查收邮件"，登录邮箱去激活淘宝账户，见图2-15。

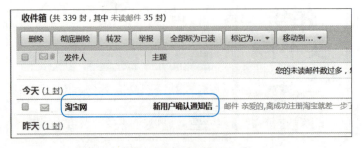

图2-15　单击"请查收邮件"

（5）打开邮箱，单击"新用户确认通知信"，完成账户激活，见图2-16。

图2-16　激活账户

（6）单击"完成注册"，见图2-17。

图2-17 完成注册

（7）邮箱账户注册成功，见图2-18。

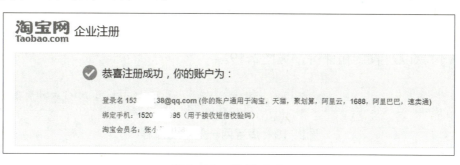

图2-18 注册成功

试一试

请同学们根据淘宝网的注册流程，尝试独立完成账户注册，并根据您所采用的注册方式填写相关信息。

您的淘宝网会员名：_____

您注册用的手机号码：_____

您注册用的邮箱：_____

活动评价

评价项目	自我评价		教师评价	
	小结	评分	点评	评分
1. 能说出目前我国主流的电商平台（30分）				
2. 能归纳电商平台的特点（35分）				
3. 能够注册电商平台账户（35分）				
合　计				

活动二 网购搜索

活动描述

网购因为其价格便宜、方便快捷，已逐渐成为购物首选方式之一。小张之前并没有网购的经验，在注册淘宝网后，想先从基本的购物环节开始，逐步学习如何搜索商品、如何确定商品等，开始网购的第一步。

活动实施

小张已经注册了淘宝账户，接下来要先对淘宝网的一般购物流程有一个初步的了解，才能进行下一步的搜索活动。

第一步：了解淘宝网一般购物流程

小张之前没有相关网购经验，经过学习了解到购物流程主要包括以下步骤：注册、搜索商品、拍下商品、付款以及收货和评价，见图2-19。

图2-19　淘宝网一般购物流程

（1）注册淘宝网账号。相关内容我们已经在上一活动中学习过。

（2）搜索商品（选择商家）。在淘宝网首页利用类目选择功能或者直接输入关键词搜索自己喜欢的商品，淘宝网会列出相关商品列表供买家选择。买家发现感兴趣的商品后，可点击该商品进入卖家店铺，查看卖家的信用度和好评率，综合考虑卖家信用、商品质量、价格、运费等因素后，买家便可选出满意的商品，下面就可以开始在淘宝网购物了。

（3）拍下商品。选择商品的款式、大小（尺寸）、数量等，单击商品展示页面的"立即购买"即可进入支付环节。此时，如果买家在打开淘宝网首页时没登录账号，这时会先跳转到登录页面，登录后就可以拍下商品了。如果卖家承诺提供额外的优惠或运费减免，可以在拍下商品后联系淘宝卖家，让卖家修改商品价格或运费。

（4）付款。单击"提交订单"即可跳转到支付宝收银台。输入支付密码并单击"确定"即可完成支付。付款到支付宝之后就可以等待卖家发货了，卖家发货后可以在"我的淘宝"中查看物流信息。到货的时候验货是一个重要环节，最好当着快递员的面拆封并验货，如果商品质量有问题，可以要求淘宝卖家退货或换货。

（5）收货和评价。确认收到商品且商品完好无缺后，打开淘宝网或手机淘宝，在"我的淘宝"中执行确认付款的操作，这时候钱才真正到淘宝卖家账上。最后在"我的淘宝"中对卖家的信用进行评价，淘宝网卖家也会对买家进行评价，互评后整个网上购物流程就顺利完成了。

填一填

请同学们对下面的环节进行排序，在括号里填写序号1～5。

| 注册 | 收货和评价 | 搜索商品 | 拍下商品 | 付款 |

（　　）　　（　　）　　（　　）　　（　　）　　（　　）

第二步：搜索需要购买的商品

小张了解购物流程后，想要在网上购买一部手机，于是点开淘宝网，尝试搜索商品。

知识链接 ▶▶▶

淘宝搜索

1. 输入关键词找宝贝

在搜索框内输入和宝贝相关的关键词，如"T恤"。智能搜索也支持拼音输入，且在输入的过程中会有联想词汇出现，如"T恤女""T恤男""T恤 夏装"等，这些都是热门搜索的相关词汇。

2. 关键词搜索技巧

掌握简单的关键词搜索技巧，能帮助买家快速缩小搜索范围。

技巧1：将多个关键词组合起来进行搜索，这样不仅能减少呈现的商品数量，还不会漏掉心仪的宝贝。

例如，您想找一双2024年新款帆布女鞋。可以多加几个关键词，如"2024女鞋 帆布"。

技巧2：试着用一下减号"-"，这个符号能够排除您不想购买的样式或者类型。

例如，输入"女鞋-坡跟"，这样在搜索结果中就不会出现坡跟的女鞋了。

技巧3：留意搜索框的推荐词表，看看别人都在搜什么，可以方便自己搜索。

例如，您想找dior的香水。试试看，当您刚输入"dior"的时候，搜索框就会列出一列与dior相关的推荐词，其中就有dior香水，见图2-20。

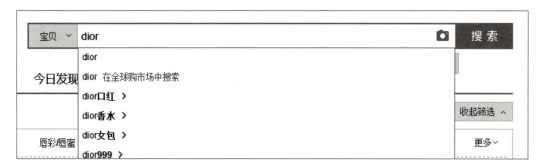

图2-20　搜索商品

搜索框推荐的热门关键词，是按该词的人气从高到低排序的。排名越靠前的关键词，被搜索的频率越高，也反映了目前流行的商品趋势。

3. 商品不匹配的情况处理

技巧1：简化关键词。

例如，您要找一双"李宁2024款黑色女士跑鞋"却显示没有商品匹配，可能是因为输入的关键词过多。尝试输入2～3个关键词，中间用空格隔开，如"李宁 黑色女鞋"。

技巧2：调整商品分类。

例如，您刚买了手机，想再看看香水，可以将分类调整到"所有分类"下。

🔍 **搜一搜**

下面的商品需要输入什么关键字？请试着搜索下面这两件商品，见图2-21、图2-22。

图2-21　连衣裙

图2-22　鞋子

第三步：确定所选商品

一般来说，商品质量的好坏可以从网店信誉、商品销量及评价这几个方面来综合考虑。

一、网店信誉

网店信誉包括卖家（店主）的个人信用评级和店铺的动态评分两个方面。如果卖家的个人信用评级和店铺动态评分都较高，则说明该店铺的商品质量有一定的保证。

1. 信用评价

淘宝网针对买卖双方都提供了信用评价制度，当一次交易完成后，交易双方均可以根据交易的满意程度给对方好评、中评或差评。

（1）好评。好评原因包括但不限于：卖家货真价实、态度好、交易快捷等；买家付款及时，见图2-23。

（2）中评。中评原因包括但不限于：卖家物品有瑕疵未说明，交易较为拖拉等；买家付款较慢，见图2-24。

（3）差评。差评的原因包括但不限于：卖家物品与网上描述有较大差距、服务态度恶劣等；买家态度恶劣、未付款，见图2-25。

图2-23　好评 　　　　　图2-24　中评 　　　　　图2-25　差评

2. 信用等级

信用等级是按照卖家所获得的信用积分来划分的。淘宝网将卖家信用划分为4个层次20个级别，分别是星级卖家、钻石卖家、皇冠卖家以及金冠卖家。卖家的信用等级是由得到好评的交易数累积产生的，如完成了4个交易并都获得好评，那么卖家的信用等级将升为1星。因此，卖家的信用等级越高，可以从侧面反映卖家卖的产品越多，获得的好评也越多。图2-26所示为买卖双方信用级别，左边为卖家，右边为买家。

在交易中作为卖家的角色，其信用度分为以下20个级别：		作为买家的角色，其信用度分为以下20个级别：	
4分-10分	♥	4分-10分	♥
11分-40分	♥♥	11分-40分	♥♥
41分-90分	♥♥♥	41分-90分	♥♥♥
91分-150分	♥♥♥♥	91分-150分	♥♥♥♥
151分-250分	♥♥♥♥♥	151分-250分	♥♥♥♥♥
251分-500分	♦	251分-500分	♦
501分-1000分	♦♦	501分-1000分	♦♦
1001分-2000分	♦♦♦	1001分-2000分	♦♦♦
2001分-5000分	♦♦♦♦	2001分-5000分	♦♦♦♦
5001分-10000分	♦♦♦♦♦	5001分-10000分	♦♦♦♦♦
10001分-20000分	♕	10001分-20000分	♕
20001分-50000分	♕♕	20001分-50000分	♕♕
50001分-100000分	♕♕♕	50001分-100000分	♕♕♕
100001分-200000分	♕♕♕♕	100001分-200000分	♕♕♕♕
200001分-500000分	♕♕♕♕♕	200001分-500000分	♕♕♕♕♕
500001分-1000000分	♛	500001分-1000000分	♛
1000001分-2000000分	♛♛	1000001分-2000000分	♛♛
2000001分-5000000分	♛♛♛	2000001分-5000000分	♛♛♛
5000001分-10000000分	♛♛♛♛	5000001分-10000000分	♛♛♛♛
10000001分以上	♛♛♛♛♛	10000001分以上	♛♛♛♛♛

图2-26　买卖双方信用级别

3. 店铺动态评分

店铺动态评分（见图2-27）是淘宝网针对卖家提供的另一项信用与服务评分制度。买家在购买商品后，在进行信用评价的同时，也可以根据商品情况、卖家服务态度和物流服务质量进行动态评分，其他买家在购买商品时，就可以通过动态评分来了解商品情况、卖家的服务态度和物流服务质量。

每项店铺评分取连续6个月内所有买家给予评分的算术平均值。（每天计算近6个月之内数据）

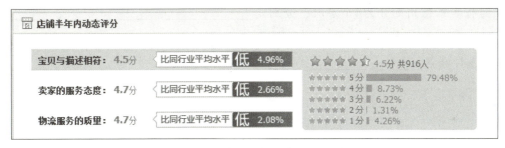

图2-27　店铺动态评分

4. 信用对销售的影响

卖家信用客观真实地反映了其历史交易情况和买家的满意程度，为其他买家在购买商品时提供了参考依据。卖家信用等级的高低客观地反映了卖家的诚信度与商品质量的保障性。信用等级越高，越容易获取买家的信任，这也是信用等级高的店铺生意比较好的重要原因。由图2-28可以看出卖家近半年获得了多少好评、中评以及差评。

图2-28　卖家信用评价展示

二、商品销量及评价

我们在购买一件商品时，通常会看它的销量，虽然销量不能完全代表一个商品的好坏，但销量高，起码可以证明购买的人多。

点击商品时，查看"评论"，就可以看到购买该商品的客户对这个商品的评价，评价分为三类：好评、中评及差评。客户可以参考这些评价来对商品进行综合考虑。在图2-29中，该件商品累计评论907条，其中好评907条，中评0条，差评0条。

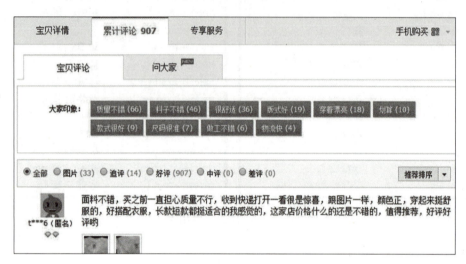

图2-29　商品评价

另外，在评论栏，还可以看到客户上传的商品图片，也可以作为选择商品的参考。

填一填

请根据信用评价、信用等级以及店铺动态评分等内容填空。

1. 买家给予卖家差评通常是因为_____。

2. 淘宝网将卖家信用划分为4个层次，分别是_____、_____、_____以及_____。

3. 店铺动态评分是_____。

活动评价

评价项目	自我评价		教师评价	
	小结	评分	点评	评分
1. 能了解电商平台购物流程（25分）				
2. 能在电商平台搜索商品（25分）				
3. 能初步了解商家信誉（25分）				
4. 能初步分析商品的好坏（25分）				
合　　计				

任务二
购物支付

任务介绍

在这一任务中，我们将学习与梳理下单购物、网购支付环节，使同学们对网络购物有基本的认知。通过活动一"轻松购物"，了解网络购物的下单流程，感受网购支付。通过活动二"网络支付"，理解电子支付、第三方支付的基本概念，并了解支付宝支付流程。

活动一　轻松购物

活动描述

经过精心挑选后，小张接下来就要对心仪的商品进行下单并支付，下单流程包括填写收货地址、提交订单、在线支付等环节。

活动实施

小张准备亲身体验网络购物下单流程，为将来自己开设网店做好准备。

第一步：选择商品，填写收货地址，提交订单

📖 知识链接 ▶▶▶

下单购物

（1）选择一件心仪的商品，见图2-30。

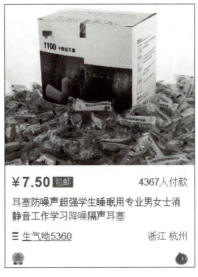

图2-30　选择商品

（2）选择颜色（款式、种类）和购买数量，单击"立即购买"，见图2-31。

图2-31　单击"立即购买"

（3）填写收货地址，地址和手机号码一定要真实、正确，才能确保买家能够收到商品，见图2-32。

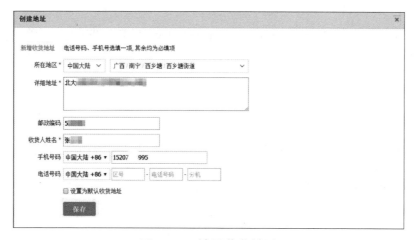

图2-32　填写收货地址

（4）提交订单，见图2-33。

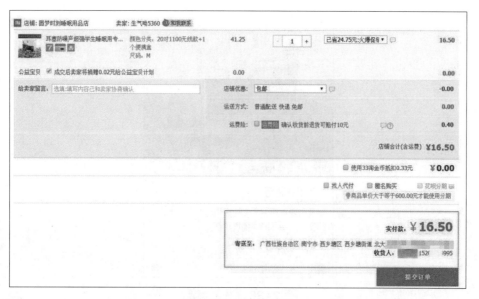

图2-33　提交订单

第二步：支付货款，完成交易

📖 **知识链接** ▶▶▶

支付货款

（1）提交订单后，转到支付宝付款页面，输入支付密码，单击"确认付款"，见图2-34。

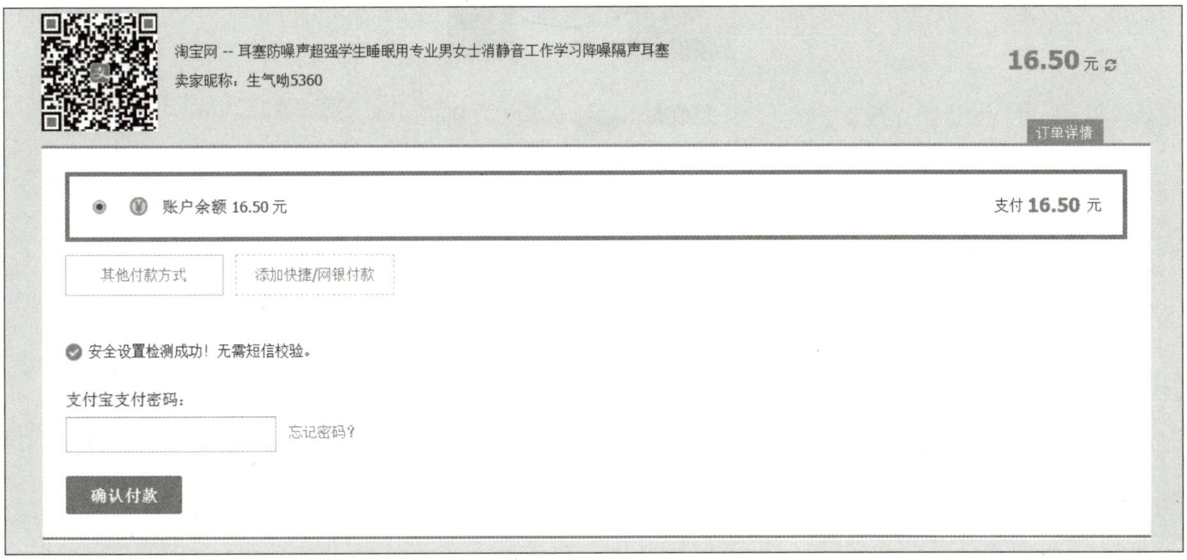

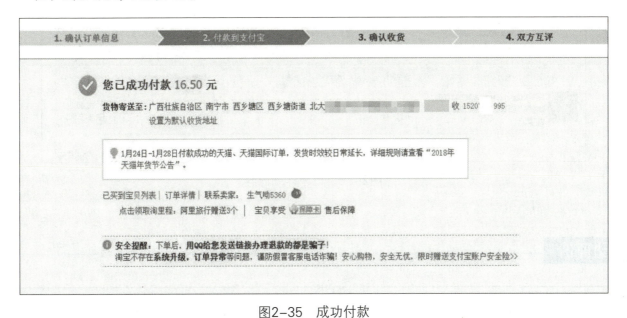

图2-34 确认付款

（2）成功付款，见图2-35。

图2-35 成功付款

💡 **想一想**

请同学们想一想，付款成功后，交易是不是就完成了呢？

第三步：查看订单，了解订单信息

小张支付货款后，订单成立。下面我们来学习查看订单信息。

知识链接 ▶▶▶

查看订单信息

（1）登录淘宝后，单击"已买到的宝贝"，见图2-36。

图2-36　已买到的宝贝

（2）在该页面可以看到自己购买的商品，然后单击"订单详情"，见图2-37。

图2-37　单击"订单详情"

（3）此时可以看到订单的详细内容，见图2-38。

订单信息

宝贝	宝贝属性	状态	服务	单价	数量	优惠	商品总价
Sofia kallgien jeans正品欧洲站夏季显瘦弹力鱼尾裙裙牛仔短裙女潮　保障卡	颜色分类：深蓝色　尺码：XL	已确认收货		76.00	1		76.00（快递: 0.00）

订单总金额：**76.00** 元

图2-38　订单详细内容

活动评价

评价项目	自我评价		教师评价	
	小结	评分	点评	评分
1. 能完成网络购物（30分）				
2. 能查看订单信息（35分）				
3. 能归纳订单包含的信息（35分）				
合　　计				

活动二　网络支付

活动描述

在网购活动中，支付无疑是最重要的环节之一，其成功与否关系到网购活动能否顺利完成。支付一端是客户，另一端是商家，而中间的桥梁就是支付平台、第三方支付。网络购物是如何付款的呢？用什么付款？付款后钱又到哪里去了？带着这些疑问，我们一起来学习电子支付、第三方支付等内容。

活动实施

第一步：了解电子支付，为网购支付做好准备

在付款之前必须做足功课，才能够明明白白地付款。小张通过网络学习了相关知识。

📖 知识链接 ▶▶▶

电子支付相关知识

1. 电子支付

电子支付是指从事电子商务交易的当事人，包括消费者、厂商和金融机构，通过信息网络，使用安全的信息传输手段，采用数字化方式进行的货币支付或资金流转。电子支付主要包括第三方支付、互联网支付和移动支付等方式，四者的关系见图2-39。

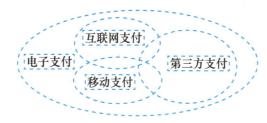

图2-39　电子支付、第三方支付、互联网支付和移动支付的关系

2. 第三方支付

第三方支付是指那些具备一定实力和信誉保障的独立机构，通过与各大银行签订协议，建立起连接银行支付结算系统的交易支付平台，从而实现网络支付的一种模式。常见的第三方支付平台有支付宝（见图2-40）、微信支付（见图2-41）和财付通（见图2-42）。

图2-40　支付宝　　　　　图2-41　微信支付　　　　　图2-42　财付通

3. 第三方支付流程

在第三方支付流程（见图2-43）中，买家在选定并购买商品后，会利用第三方平台提供的账户

来完成支付操作，即货款被支付给该第三方平台。随后，第三方平台会向卖家发送通知，告知其货款已到账并提醒发货。当买家收到货物后，会进行检验，并在确认无误后通知第三方平台进行支付确认。此时，第三方平台会将之前暂存的款项转账至卖家的账户。

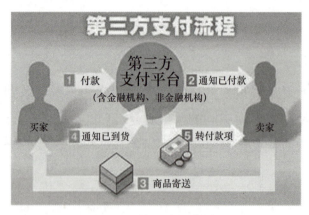

图2-43　第三方支付流程

4．第三方支付的优势

1）简化交易操作。第三方支付平台通过与众多银行合作，极大地简化了网上交易的流程，对于商家来说，不需要安装各个银行的认证软件，在一定程度上简化了操作。

2）降低商家和银行的成本。对于商家来说，第三方支付平台可以降低企业运营成本；对于银行来说，可以直接利用第三方的服务系统提供服务，帮助银行节省网关开发成本。第三方支付平台能够为商家提供增值服务，如实时交易查询、交易系统分析，以及方便快捷的退款和止付服务。

3）第三方支付平台可以详细记录交易双方的交易行为，这不仅有助于防止交易双方对交易行为产生抵赖，还能为后续交易中可能出现的纠纷提供相应的证据。

试一试

请同学们结合第三方支付流程，试着画出支付宝支付的流程。

第二步：注册支付宝账户，并与淘宝账户绑定

在网络购物中，支付宝是最常用的第三方支付平台之一，下面我们一起学习如何使用支付宝。

知识链接 ▶▶▶

支付宝账号注册

（1）进入支付宝页面，找到"注册"，单击进入注册页面，见图2-44。

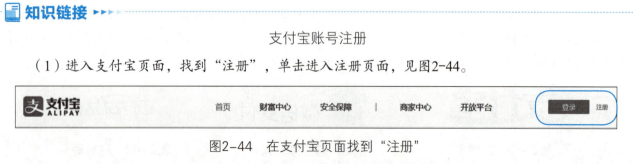

图2-44　在支付宝页面找到"注册"

（2）选择个人账户注册的方式，填写用于注册淘宝账户的手机号，并填写短信校验码，见图2-45。

图2-45　选择个人账户注册

（3）因为淘宝账号与支付宝账号共用一个手机号，已经相互绑定，因此可直接单击"是我的，立即登录"登录支付宝账号，见图2-46。

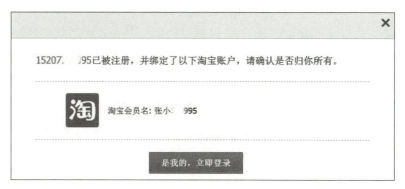

图2-46　单击登录支付宝账号

（4）按要求填写注册信息，见图2-47。

图2-47　填写注册信息

（5）设置支付方式，见图2-48。

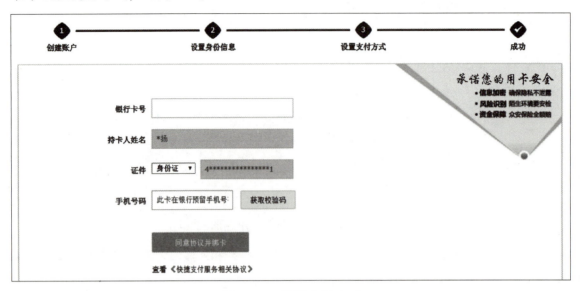

图2-48 设置支付方式

（6）成功注册支付宝账户，见图2-49。

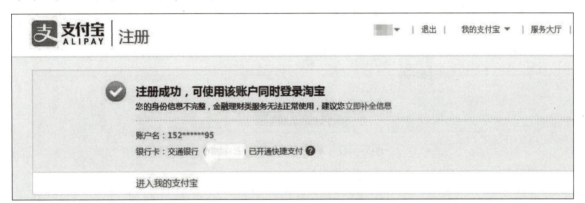

图2-49 支付宝账户注册成功

 教育看点

淘宝网修改评价规范：明确规定不得以物质或金钱诱导买家"好评"

淘宝网官方于2021年12月21日发布了关于《淘宝网评价规范》规则变更公示的通知，通知中对"好评返现""好评返优惠券"等行为做出明确规范，指出不得以物质或金钱承诺引导买家对商品或店铺进行"好评"，新规于当年12月28日生效。对于网络购物中的"好评返现"等行为，我国《电子商务法》《反不正当竞争法》等相关法律法规早已明令禁止，淘宝网此次行为是响应法律要求，并对电子商务中参与三方行为的一次调整。

此次淘宝网对于《淘宝网评价规范》的变更主要集中在两个方面：一是调整评价内容及行为要求；二是明确评价违规处置措施。

变更后的第十三条"卖家行为要求"规定：①不得自行或通过第三方要求买家只写好评、修改评价、追加评价等；②不得以物质或金钱承诺为条件鼓励、引导买家进行"好评"，包括但不限于全五星返现、好评返现、好评免单、好评返红包、好评返优惠券；③不得通过诱导买家、虚假交易等不正当方式获取不真实的评价；④不得自行或通过第三方故意给予同行竞争者与事实不符的评价。

变更后的第十四条"买家行为要求"规定：①不得以给予中评、差评、负面评论内容等方式谋取额外财物或其他不当利益；②不得大量发布无实际意义的信息、与实际不符的信息等行为。

对于违反以上规定的，淘宝网将根据平台相应管理规则做出处理。如：①针对违规信息可采取屏蔽评论内容、评分不累计等措施；②针对违规卖家可采取向买家赔付一定金额、下架商品、删除商品、限制使用阿里旺旺、扣分等措施；③针对违规买家可采取限制买家行为等措施。

理一理

除了可以购物，支付宝还有哪些其他用途呢？请利用网络搜索引擎进行查询以获取更多信息。表2-1列出了一些功能，如果支付宝能实现这些功能，请在相应位置打"√"；如果无法实现，请在相应位置打"×"。

表2-1　支付宝的功能

功能	能否实现	功能	能否实现
交水电费		投资理财	
手机充值		购买房地产	
游戏充值		缴纳学费	
物流信息查询		订购外卖	

活动评价

评价项目	自我评价		教师评价	
	小结	评分	点评	评分
1. 能说出第三方支付的定义（25分）				
2. 能说出几种第三方支付平台（25分）				
3. 能注册支付宝账号（25分）				
4. 能安全使用支付手段（25分）				
合　计				

任务三
收货评价

任务介绍

在这一任务中，我们将学习与梳理收货评价环节，使同学们对网上售后有一个基本的认知。通过活动一"确认收货"，学习确认收货和服务评价，使学生理解网上售后服务的基本概念、确认收货和服务评价的流程；通过活动二"退换货物"，学习退货和换货这两个基本的售后服务流程，让学生体会作为买家享有的基本权利。

活动一 确认收货

活动描述

小张在确认下单、支付货款后，接下来就是等待快递送货上门。当收到货物后，小张要做些什么呢？下面我们一起学习网上售后服务的概念、确认收货的流程，以及收货时应该注意的事项。

活动实施

第一步：了解网上售后服务

网络售后服务是指在电子商务平台上，当消费者购买商品后，商家为消费者提供的一系列后续服务。这些服务旨在确保消费者对购买的商品满意，并在商品使用过程中遇到问题时能够得到及时解决。网络售后服务包括但不限于退货换货、维修服务、技术支持、投诉处理等多个方面，旨在提高客户满意度和维护品牌信誉。

小张在等待商品送达的过程中，通过网络了解到，其实网络购物跟实体店购物一样都是有售后服务的，不必担心购买到不满意的商品无法解决售后问题。

📖 知识链接 ▶▶▶

淘宝售后服务：7天无理由退换货

"7天无理由退换货"指商家（下称"卖家"）使用淘宝提供的技术支持及服务向其买家提供的特别售后服务，允许买家按《淘宝网七天无理由退货规范》及淘宝网其他公示规则的规定对其已购特定商品进行退换货。

买家在签收商品之日起7天内，对支持7天无理由退货并符合完好标准的商品，可发起7天无理由退货申请。选择无理由退货的买家应当自收到商品之日起7天内向淘宝网卖家发出退货申请（自物流显示签收商品的次日零时起计算，满168小时为7天）。

退换货的责任范围涵盖以下情形：

（1）若买家在收货后对商品不满意，有权提出退换货申请。

（2）若因商品质量问题需退换货，卖家需承担全部运费。质量问题指在收货后7天内发现的货品破损或残缺情形。

（3）申请退换货时，商品需保持原包装、配件及吊牌的完整性；若商品已被清洗、人为损坏或标牌被拆除，则不接受退换；此外，对于预定或定制的特殊尺码商品，同样不予退换。

（4）对于非商品质量问题的退换货情况，买家需自行承担往返运费。

在"立即购买"的上方，有一项保障服务明确标注着"7天无理由退换货"（见图2-50），买家见此标注可以放心购买。

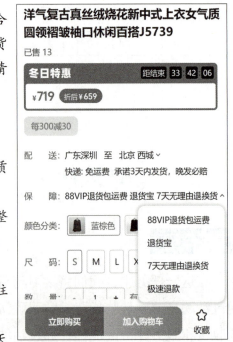

图2-50　7天无理由退换货

💡 **想一想**

学习了7天无理由退换货，同学们觉得7天无理由退换货好在哪里呢？您在购物的时候，是否会选择购买7天无理由退换货的商品呢？

第二步：确认收到货物

小张在收到快递后，首先要确认货物完好无损，然后登录淘宝账户确认收到货物。

📖 **知识链接** ▶▶▶

买家确认收货

（1）登录淘宝账户，选择"我的淘宝"，单击"已买到的宝贝"，见图2-51。

（2）找到您已经收到的商品订单，单击"确认收货"，见图2-52。

图2-51 单击"已买到的宝贝"　　　　　　图2-52 单击"确认收货"

（3）输入支付宝支付密码，单击"确定"，见图2-53。

（4）支付完成后，页面出现"交易成功！宝贝等您评价"的标志，就表示已经确认收货成功了，见图2-54。

图2-53 输入支付宝支付密码　　　　　　图2-54 确认收货成功

💡 **想一想**

请同学们想一想，如果没有及时确认收货，那么交易将如何完成呢？

📘 **知识加油站** ▶▶▶▶

系统自动确认收货

如果买家在一定时间内没有确认收货，那么淘宝系统将自动确认收货，并将货款打给卖家。因此，了解系统自动确认收货的时间对买卖双方都十分重要。

1. 查看交易超时时间

可以进入"我的淘宝"——"已买到的宝贝"页面找到具体的订单，单击"订单详情"查看该笔交易超时时间。

2．购买虚拟商品

如果买的是自动充值商品，完成支付宝付款后，系统会马上自动确认收货。

如果买的是自动发货商品，自"卖家已发货"状态起的24小时后，系统会自动确认收货。

如果买的是虚拟物品，部分虚拟类目商品自"卖家已发货"状态起的36小时后，系统会自动确认收货。

3．购买实物商品

如果物流方式为快递、EMS、不需要物流，自"卖家已发货"状态起的10天后，系统会自动确认收货。

如果物流方式为平邮，自"卖家已发货"状态起的30天后，系统会自动确认收货。

如果购买的是海外直邮商品，自"卖家已发货"状态起的20天后，系统会自动确认收货。

4．确认收货

支付宝将把交易款项打给卖家，交易状态变更为"交易成功"。

填一填

根据系统自动确认收货的知识，请同学们写出下面商品的自动确认收货时间。

手机话费：＿＿＿＿＿＿＿＿＿　　　　游戏点卡：＿＿＿＿＿＿＿＿＿

化妆品（日本直邮）：＿＿＿＿＿＿＿　　山核桃（顺丰速运）：＿＿＿＿＿＿＿＿＿

第三步：对卖家进行服务评价

小张收到货物后，觉得货物很好，想与大家一起分享这个货物好在哪里，因此小张学习了如何对卖家进行评价。

知识链接 ▶▶▶

服务评价

（1）找到已经收到的商品订单，单击"评价"，见图2-55。

图2-55　单击"评价"

（2）选择"好评""中评"或者"差评"，并填写与商品相关的评语等内容，见图2-56。

图2-56　评价商品

（3）给出店铺动态评分，单击"发表评论"，见图2-57。

图2-57 评价店铺动态评分

（4）完成评价，见图2-58。

图2-58 完成评价

试一试

请同学们尝试对近期收到的商品进行评价，并把评价情况记录下来。

活动评价

评价项目	自我评价		教师评价	
	小结	评分	点评	评分
1. 能说出网上售后服务的定义（30分）				
2. 能确认收货（35分）				
3. 能评价服务（35分）				
合　计				

活动二 退换货物

活动描述

小张收到货物后，发现自己不是很满意，他想换货或者退货退款，这就涉及网上售后服务的退换货物环节。根据网络购物规则，退换货物都有一定的要求和流程，下面就一起学习如何退换货物。

活动实施

小张准备通过亲身实践和网络学习，深入了解退换货的流程，为将来开店做好知识储备。

第一步：了解换货流程，进行货物更换

小张通过学习，了解到换货的申请条件和流程。

知识链接 ▶▶▶

换货申请条件与步骤

1. 申请条件

若买家与卖家协商一致换货，请选择"换货"选项。

2. 换货流程

申请换货——卖家发送退货地址给买家——买家、卖家线下完成换货——买家线上确认完成。

3. 淘宝网换货操作步骤

（1）找到需要换货的货物订单，单击"申请售后"，见图2-59。

图2-59 单击"申请售后"

（2）选择需要申请的服务类型，单击"换货"，见图2-60。

图2-60 单击"换货"

（3）根据页面提示，打开手机淘宝扫描二维码进行换货服务申请，见图2-61。

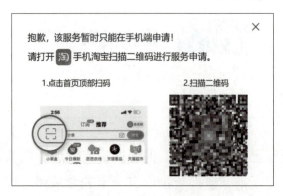

图2-61 扫描二维码

（4）选择换货原因和换新商品，补充相关描述并上传凭证，单击"提交"即可完成换货操作，见图2-62。

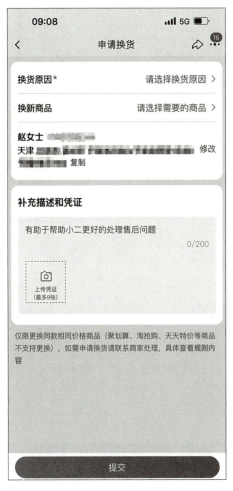

图2-62　填写换货申请

💡**想一想**

请同学们思考一下，换货需要注意哪些事项。

第二步：了解退货流程，进行货物退货退款

小张通过学习，了解到退货退款的申请条件和流程。

📖**知识链接** ▶▶▶

退货退款的申请条件与步骤

1.申请条件

若为商品问题，或者不想要了且与卖家达成一致退货，请选择"我要退货退款"选项。退货协议达成需要在7天内退货，逾期未退货，退款申请会被关闭。

2.退货流程

申请退货——卖家发送退货地址给买家——买家退货并填写退货物流信息——卖家确认收货，退款成功。

3.退货步骤

（1）找到需要退货的货物订单，单击"申请售后"，见图2-63。

图2-63 单击"申请售后"

（2）选择需要申请的服务类型，单击"我要退货退款"，见图2-64。

图2-64 申请退货退款

（3）选择服务类型、退款原因，填写退款金额（最高为货物的价值），以及退款的相关说明，填写完后单击"提交"，见图2-65。

图2-65 提交退货退款申请

（4）退货并填写物流信息，见图2-66。

图2-66　填写物流信息

填一填

请同学们根据所学的退换货知识填空。

1. 退款退货和换货的区别是_____。

2. 退货以后，请一定填写_____，逾期未填写，退货申请将被撤销。

3. 退货协议达成后需要在_____天内退货，逾期未退货，退款申请会被关闭。

活动评价

评价项目	自我评价		教师评价	
	小结	评分	点评	评分
1. 能完成换货（25分）				
2. 能完成退货退款（25分）				
3. 能归纳退换货流程（25分）				
4. 能处理退换商品时出现的问题（25分）				
合　计				

项目总结

通过本项目的学习，学生应能了解当下主流电子商务购物网站及其特点，熟练掌握网络购物流程，即注册、下单、付款以及评价。对电子支付有清晰的认识，能够运用第三方支付平台进行支付，能够对商品申请售后服务（包括退换货物），对服务评价有一定的了解。学生能够从客户的角度去感受网络购物的各个环节，有助于将来学习开设网店。

项目练习

一、填空题

1. 网络购物流程是_____、_____、_____、_____。

2. 淘宝网可以用_____和_____注册。

3. 在第三方支付流程中，买家在选定并购买商品后，会利用第三方平台提供的账户来完成_____，即货款被支付给该第三方平台。随后，第三方平台会向卖家发送通知，_____。当买家收到货物后，_____，并在确认无误后通知第三方平台进行支付确认。此时，第三方平台会将之前暂存的款项转账至_____。

4. 第三方支付平台主要有_____、_____、_____等。

二、实践题

请同学们通过网络选择一件商品，并根据所学知识进行下单、付款，确认收货，然后申请售后服务。

项目二
网购体验

项目三
网店美工

项目简介

本项目中，我们将了解网店美工的工作内容、职责及作用，并对网店美工常用的工具有基础的了解，能简单使用。同时，体验一下网店美工日常的工作内容，学习如何判断图片优劣，了解图片处理要点，并能使用常见工具对图片进行简单优化。

项目目标

知识目标

- 了解网店美工的概念、作用、任职要求及职责。
- 了解常用的美工工具、图片美化原则及海报制作要点。

能力目标

- 能够熟练使用图像编辑和设计软件优化图片。
- 具备评估商品图片质量的能力，能够识别并分析图片的营销卖点。
- 能够熟练运用设计软件制作各种风格的海报。

素养目标

- 培养良好的审美观和创新思维。

任务一
认识美工

任务介绍

在这一任务中，我们将学习关于网店美工的一些基础知识，使同学们对网店美工这个岗位有一个基本的认知。通过活动一"走进美工"，使学生理解网店美工的概念、作用及网店美工的工作职责和任职要求；通过活动二"初识工具"，让学生了解网店美工常用的工具，并学会简单的操作。

活动一　走进美工

活动描述

我们浏览网店的时候经常会被精美的商品图片和活动海报所吸引，殊不知这些化腐朽为神奇的工作就是由网店美工来完成的。所以，店铺美化是网店开设中非常重要的一环，同时也是店铺吸引客户的主要手段之一。小张对网店美工的工作很有兴趣，但是他不知道网店美工具体是做什么的，下面就让我们和小张一起来学习网店美工的概念和工作职责吧。

活动实施

第一步：通过各种渠道，了解网店美工

网店美工的作品经常出现在电子商务网站的各种页面中。小张接触最多的就是淘宝网，所以他首先打开淘宝网查看商品详情页，了解详情页一般包含哪些元素，哪些地方做得比较好。

形式一　淘宝商品详情页

小张在淘宝上查看了小米手机的详情页面（见图3-1），发现详情页中的配色既美观又协调，而且整体布局也很清爽。

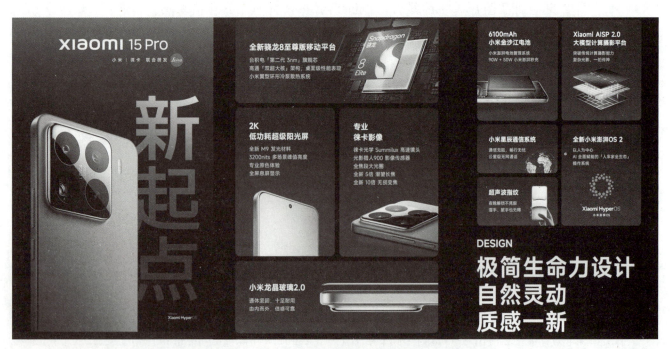

图3-1　小米手机详情页面

形式二　活动海报

小张发现，除了商品详情页，我们日常在各大网站上看到的活动海报，也与网店美工息息相关。这些海报一般配色强烈，十分吸引人们的眼球，见图3-2。

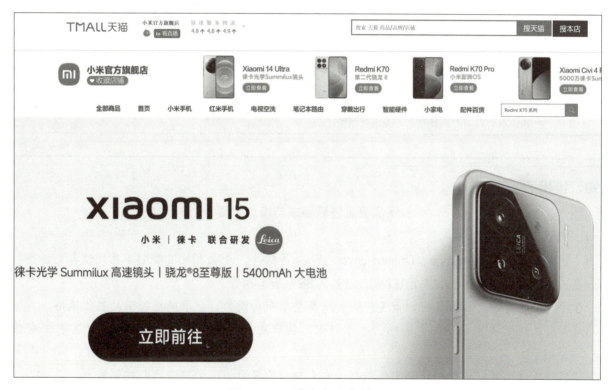

图3-2　亚马逊活动海报

形式三　网店首页

网店首页是最能体现网店整体审美和风格的地方，好的首页设计能吸引消费者驻足店内、停留更长的时间，见图3-3。

图3-3　天猫小米网店首页

📘 **知识链接** ▶▶▶

网店美工及其作用

1. 网店美工

网店美工是电子商务行业中一个常见的岗位，是淘宝、京东等网店页面编辑与美化工作者的统称。其主要工作是装修店铺，包括主页布局、单品页面设计、图片处理、宝贝描述、海报设计、主图制作等。

2. 网店美工的作用

网络经济往往依赖于视觉吸引力。网店的美化与实体店铺的装修有着异曲同工之妙，都是旨在提升店铺的吸引力，让顾客沉浸其中，不愿离去。网店美工的作用在于店铺的美化与装修，即在遵守淘宝等平台规定的前提下，通过巧妙地运用图片、程序模板等视觉元素，提升店铺的美观度和吸引力。

议一议

请同学们找出3幅自己平时比较喜欢的海报和网店作品，大家相互分享和讨论，分析这些优秀设计的共同点。

第二步：了解网店美工的任职要求及职责

理一理

小张对美工岗位充满了好奇，他想知道美工每天都在做什么，需要掌握哪些技能。于是，他打开了招聘网站的网店美工招聘页面。请和小张一起浏览智联招聘网、中华英才网等招聘网站，归纳网店美工日常的工作内容，并填入表3-1中。

表3-1　网店美工日常工作内容

序号	工作内容
1	负责每款商品的设计和美化，包括拍摄、图片编辑和制作，以及动画、动态广告条的设计
2	
3	
4	能独立完成网店的主页美化，制作促销、描述模板，根据公司产品的上架情况和促销信息自主制作促销广告位，对拍摄后的产品图进行校色、美化处理等
5	

知识链接 ▶▶▶

网店美工任职要求与岗位职责

1．网店美工任职要求

（1）能熟练使用Photoshop、Dreamweaver、Flash等软件，并能有效借助AI工具处理各类任务。

（2）熟悉网店装修流程，熟悉HTML、JS、CSS等基本操作。

（3）美工能力强，具有良好的审美能力和网页整体布局能力，能准确把握网站整体风格。

（4）有扎实的美术功底与色彩感，善于创意，拥有良好的设计感觉和大胆的设计思想，有独立设计、制作能力。

（5）人品好，具有团队精神和集体观念，有良好的沟通能力、学习能力和理解能力。

（6）最好有1年或以上淘宝等相关网店美工实际工作经验。

2．网店美工岗位职责

（1）负责店铺和品牌推广所涉及的页面创意设计。

（2）负责网店视觉规划与设计等相关工作。

（3）负责网店素材、产品图片的后期处理与排版工作。

（4）负责网店产品宝贝详情页的制作及产品上下架等相关工作。

（5）负责有关网店、产品和服务等推广活动海报的设计与制作。

（6）负责各种促销活动文案的美工设计与制作工作。

（7）负责网店产品标题的编辑和修改工作。

（8）配合营销推广人员制作各种宣传海报。

（9）收集、整理、汇总并归档各类信息和素材。

（10）与美工岗位职责相关的其他工作。

理一理

请同学们以小组为单位，预设几个有关网店美工职业素养与职业技能的问题，同业内人士、行业专家进行交流或者在网上搜索相关问题的回答，完成表3-2。

表3-2 网店美工职业素养与职业技能调查表

序号	美工具备的职业素养与职业技能
1	良好的审美能力与创意能力
2	
3	
4	
5	敏锐的品牌及产品感知力，能根据品牌或产品做出合适的设计

活动评价

评价项目	自我评价		教师评价	
	小结	评分	点评	评分
1. 能说出网店美工的概念（25分）				
2. 对网店美工日常的工作内容有所了解（25分）				
3. 明晰网店美工的任职要求（25分）				
4. 对网店美工的岗位职责有一定程度的了解（25分）				
合 计				

活动二 初识工具

活动描述

小张已经对网店美工岗位有了基本了解，但是对于网店美工的工作要从何处着手，他还是一头雾水。现在就让我们和小张一起来了解成为一名优秀的网店美工，需要熟悉哪些软件、掌握哪些工具吧。

活动实施

作为新人，小张想知道网店美工所需的入门工具和进阶工具都有哪些。带着这些问题，让我们和小张共同学习吧。

第一步：初识美工入门工具，快速上手练习

对于新手来说，不是人人都能掌握操作复杂的Photoshop、Illustrator等软件，所以入门学习选择美图秀秀、光影魔术手等软件是不错的选择。这些软件不仅操作简单，而且美化出来的效果也可以满足新开网店的需求。

📖 **知识链接** ▶▶▶

美化操作软件介绍

现在介绍一些常见的入门级美化操作软件，比如美图秀秀、光影魔术手等，还有更多实用又简单的软件，等待大家自己去发掘。

1. 美图秀秀

美图秀秀是一款简单易用的图片处理软件，基本上手就能操作，可以直接使用网页版（见图3-4），也可以下载安装包使用。美图秀秀提供图片编辑、海报设计、智能抠图、拼图等功能，可以用来美化商品图片和制作简单的文字效果等。

图3-4　美图秀秀网页版首页

2. 美图淘淘

美图淘淘（见图3-5）是一款专为网店卖家设计的批量图片处理软件，主要解决网店卖家修图难、重复性工作量大的问题。美图淘淘具有图片处理功能，如添加装饰素材、边框及文字等，用户可同时对多张图片进行处理，所有操作都是"一步动作，批量同步到所有图片"。同时，美图淘淘还自带海量独家网店素材，并不断在线更新。

图3-5　美图淘淘软件操作界面

3. 光影魔术手

光影魔术手是一款针对图像进行画质改善及效果处理的软件，不需要任何专业的图像处理技术，就可以制作出专业的色彩效果。其改善画质、人像美化、模拟胶片效果、添加文字和水印等功能，深受用户喜爱，能够满足绝大部分人对照片后期处理的需要，见图3-6。

图3-6 光影魔术手软件操作界面

试一试

请同学们尝试在计算机上安装美图淘淘软件，根据本书教学资源所提供的素材1完成一张商品促销图的制作。

第一步：打开美图淘淘软件

单击"批量导入图片"，将素材图片导入，选择"宝贝描述"，单击"确定导入"，见图3-7。

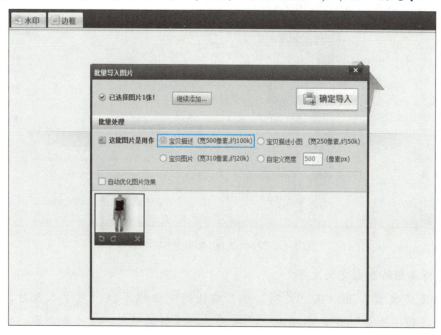

图3-7 在美图淘淘中导入素材图

第二步：美化图片

导入图片后，可以先进行图片的基本美化。美图淘淘中提供了几种一键美化的基础模式，用户可以根据各自的审美偏好选择最佳效果。对于本素材，我们选择"图片处理"中的"柔光"模式来美化，见图3-8。

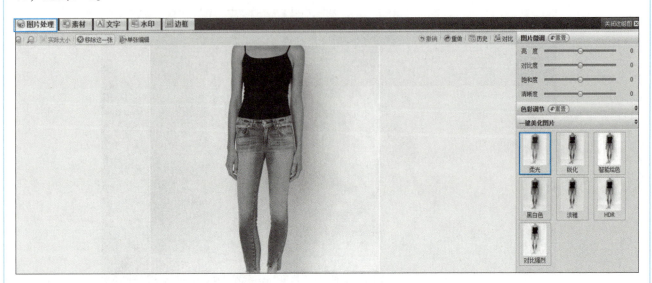

图3-8　"柔光"模式美化图片

第三步：为商品图添加促销标签

美图淘淘内置很多促销标语，这些已经制作成型的促销标语在"素材"栏目中可以找到，只需要将其添加到设计中即可。对于本素材，我们添加"销量"中的"同类商品销量No.1"标签和"折扣"中的"5折限抢"标签。在素材中单击这些标签即可调整大小和透明度等，见图3-9。

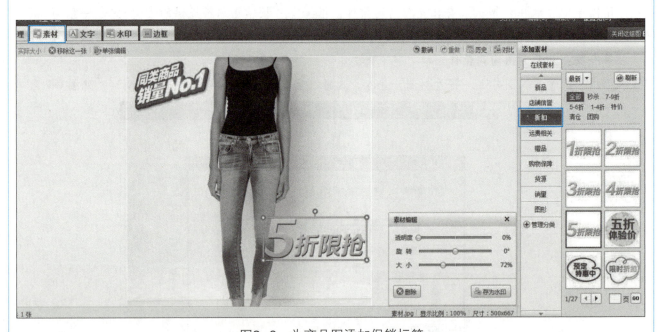

图3-9　为商品图添加促销标签

第四步：为商品图添加自定义文字

如果需要自定义文案，可以在"文字"栏目右侧的空白框添加。对于本素材，我们添加"超值新款""九分浅蓝小脚裤"等文字描述，并根据版面适当调整文字大小和颜色，以突出重点，见图3-10。

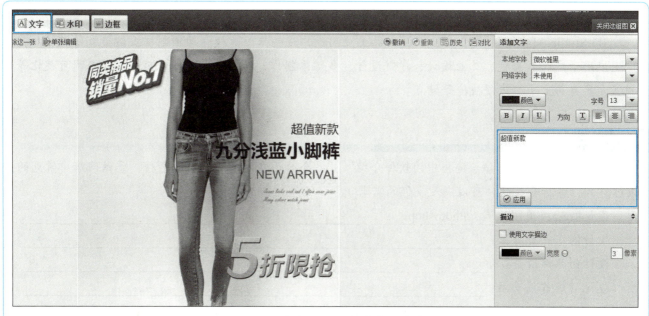

图3-10　为商品图添加自定义文字

第五步：保存

图片制作完成后单击右下角的"生成图片"进行保存，即可生成一张新的商品促销图。

第二步：了解进阶美工工具，成为美工达人

掌握入门工具后，会有许多对美工感兴趣的同学觉得已有的工具不够用了，现有的工具无法完成更为复杂的设计要求。这个时候进阶的美工工具就派上用场了，现在让我们一起来了解下吧。

📘 **知识链接** ▶▶▶

进阶美工工具

相较于入门工具，下面几款美工软件在界面和使用操作上都更加复杂，但是只要您有兴趣，学起来其实也没那么难。

1. Photoshop

Adobe Photoshop，简称"PS"，是一款图像处理软件，对于希望成为出色美工的用户来说，它是必须掌握的软件。Photoshop主要处理由像素构成的数字图像，利用其众多的编修与绘图工具，可以有效地进行图片编辑工作。PS有很多功能，图像处理、图形设计、文字排版、视频编辑、出版等各方面都有涉及。

2. Illustrator

Adobe Illustrator是一款工业标准矢量绘画软件，广泛应用于印刷出版、海报书籍排版、专业插画制作、多媒体图像处理和互联网页面制作等领域。Adobe Illustrator还可以为线稿提供较高的精度和控制力，无论是小型设计项目还是大型复杂项目，它都能胜任。

3. CorelDraw

CorelDraw也是一款矢量图形制作软件，简称"CDR"。这款图形制作软件具有矢量动画制作、页面设计布局、简报制作、彩页设计、产品包装设计、标识设计、网站制作、位图编辑和网页动画制作等多种功能。

4．3D Studio Max

3D Studio Max，简称3D Max，是世界上应用最广泛的三维建模、动画制作、渲染软件之一。其广泛应用于广告、影视、工业设计、建筑设计、多媒体制作、游戏开发、辅助教学以及工程可视化等领域，具有易上手、方便快捷等特点。

理一理

请同学们根据上方知识链接中的软件介绍，并结合自己在网络上搜索的资料，总结网店中常见的设计样式，分析哪些软件可以满足我们的需求。

设计Logo：美图淘淘、Photoshop _____

设计网店首页海报：_____

设计商品详情页：_____

设计网店首页动画：_____

知识加油站

Photoshop中的"图层"含义

Photoshop是一款图像处理软件，了解"图层"是掌握这款软件的关键。

简单来说，图层就是图片的一个层次，使用图层可以在不影响图像其他部分的情况下处理其中一个元素。可以把图层想象成一张张叠起来的透明胶片，每张透明胶片上都有不同的画面，改变图层的顺序和属性可以改变图像的最后效果。通过操作图层，并结合其特殊功能，可以创建很多复杂的图像效果。图层一般位于Photoshop操作界面的右下角，见图3-11。

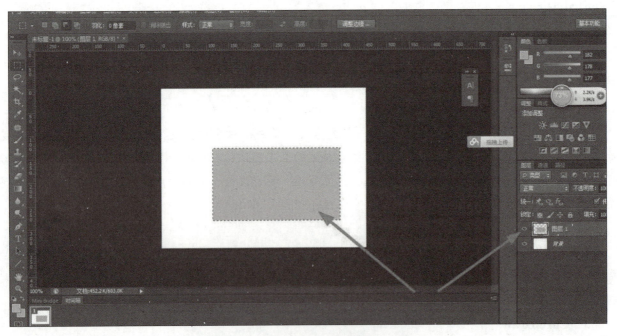

图3-11　Photoshop中图层展示图

搜一搜

请同学们上网查找免费学习Photoshop、Illustrator等软件的网站。

活动评价

评价项目	自我评价		教师评价	
	小结	评分	点评	评分
1. 了解美工入门软件（30分）				
2. 能简单运用入门工具（35分）				
3. 能操作进阶美工工具（35分）				
合　计				

任务二
体验美工

任务介绍

　　在这一任务中，我们将体验网店美工日常的工作，了解图片处理的要点。通过活动一"美工思辨"，使同学们能判断商品图片优劣，分析图片卖点；通过活动二"美工体验"，让同学们了解网店装修流程和网店美工的工作内容，能运用图像工具简单优化图片。

活动一　美工思辨

活动描述

　　经常逛网店的同学们一定知道，优质的网店或者商品一定有精美的图片去呈现其品质和卖点。所以，网店装修一直是网店开设中十分重要的环节。小张将货品都上架后，却开始苦恼了，因为他不知道怎么美化商品的图片，也不知道怎么判断图片的优劣和分析图片的卖点。所以，接下来让我们和小张一起学习关于图片美化的知识吧。

活动实施

第一步：了解图片美化原则，判断图片优劣

　　小张打开了天猫中很多知名品牌的店铺，想看看优秀网店中的图片是如何进行美化的。在看的过程中，他总结了很多图片美化的重点，接下来他会根据自己店铺的情况，进行相应的调整。

📖 **知识链接** ▶▶▶

图片美化与判断原则

1．图片美化原则

原则一：能用大图，不用小图

大图是指像素高的图片。一方面，大图更为清晰，可以根据自己的需要随意进行剪切而不影响图片的质量。另一方面，首图使用清晰的大图，无论是显示在计算机上还是手机中，往往要比配小图显得更大气、有质感和美观。

原则二：选择的图片要有整体性，与网店整体风格、色系相配

所谓整体性，是指网店的销售主题确定后，图片的美化应和网店整体风格、色系相搭配，要求图片应该有前后呼应的效果，不要因个人喜好而勉强插入图片，让人有突兀之感。如果有很好的创意，可以通过调整色调、剪切等方法对图片进行统一处理，使网店整体更为协调。例如，格力官方旗舰店的产品图片美化就与公司整体风格和色系非常统一，见图3-12。

图3-12　格力官方旗舰店首页

原则三：采用图片时注意网店的营销重点，切勿喧宾夺主

虽然对于消费者来说，图片越美观越好，但对于卖家而言，在美观之余也应考虑图片的营销重点是否突出。因为图片是一种说服工具，最终还是要实现产品的销售，所以图片中的营销重点一定要呈现出来，切勿喧宾夺主。比如图文混搭，应尽量让文字更清晰。例如，小米平衡车的广告图（见图3-13）在呈现商品图的同时，用不同字号、颜色的文字，对其宣传语进行了强调。

图3-13　小米平衡车广告图

2．判断优秀网店图片原则

优秀的网店图片不仅可以让消费者一目了然地获取自己想要的商品信息，而且还会让其因为商家的精心设计而对该店铺产生好感。一般可以从以下维度去判断：主题、信息、整体的色彩运用等。

（1）主题。图片主题应是网店欲传递的主要信息。主题可以是与产品特点、节日相关的具体内容，也可以是网店想要传达给消费者的一种抽象的价值观，比如诚信、精益求精等。优秀的网店一定会使用主题明确的图片去展示其商品。

（2）信息。在视觉传达中，前3秒的视觉体验至关重要。视觉呈现的"3秒法则"主要强调的是在极短的时间内展示重要信息，以吸引和保持用户的注意力。对于网站设计来说，就是要让来访者在3秒钟内对网店风格和产品产生好感，并了解店铺的主要产品。图片都是含有信息的，无论是纯图片的呈现还是图文结合的形式，各种信息都需要让消费者一目了然。

（3）色彩运用。70:25:5是一个配色黄金比例，其中70%为大面积使用的主色，25%为辅助色，5%为点缀色。一般情况下，建议画面色彩不超过3种色相，比如深红和暗红可以视为一种色相。一般来说，颜色越少越好。颜色越少，画面越简洁且容易控制，作品会显得更加成熟。除非有特殊情况，比如一些节日类的海报等，要求画面营造热闹、充满活力的氛围，多些颜色可以使画面显得很生动。然而，颜色越多越要严格按照配色比例分配颜色，不然会使画面非常混乱，难以控制。有效的色彩配置能够强化整体视觉的醒目程度，可以区分不同的元素，使之不会相互混淆。

知识加油站

色彩三要素之色相

色彩三要素指的是色相、纯度和明度。色相是色彩的首要特征，是区分各种不同色彩的最准确的标准。事实上，任何黑白灰以外的颜色都有色相的属性，在日常搭配时，我们一般遵循十二色相环中的邻近色搭配原则。邻近色是指在色相环上相邻的颜色，它们之间的色相差较小，通常在30度到60度之间。这些颜色的色相彼此接近，冷暖性质一致，色调统一和谐，感情特性一致，如红色与黄橙色、蓝色与黄绿色等。十二色相环见图3-14。

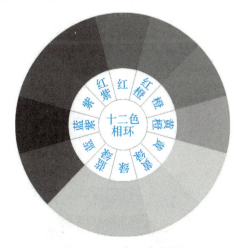

图3-14　十二色相环

想一想

请同学们打开淘宝网，找出自己平时喜欢的网店，分析网店的风格、图片的特点和色彩的搭配。

议一议

请同学们观察下面的网店促销海报（见图3-15），并指出海报中所体现的产品卖点或者营销主题、促销主题。

图3-15　网店促销海报

第二步：了解图片营销技巧，思考营销重点

小张开始准备给自己的网店制作首页海报，可是令他感到困惑的是：如何才能在确保首页海报精美且吸引消费者的前提下，达到网店推广的目的。

📖 知识链接 ▶▶▶

图片营销重点及技巧

消费者对网店第一印象的形成一般从看图开始，所以图片的美观度、图片所提供的信息量相当重要。网店中的图片既要传递产品信息，还要附带营销功能。引导消费者看图后下单购买，才是图片美化的目的。

1. 在图片中融入企业文化

图片可以传递企业文化，让消费者产生共鸣。淘宝网中很多知名商家都形成了自己的企业文化，他们通过图片的风格和文字，从各方面体现产品的文化底蕴与品牌故事。比如知名零食网店三只松鼠，其以三只卡通松鼠为主，打造出一种活泼、有趣的萌系文化，这也与网店主要定位于年轻用户有关。将这一文化元素运用到网店的海报中，卡通化的风格、强烈的视觉刺激配上萌化的语言表达，无疑会给网店的消费者留下深刻的印象。三只松鼠网店促销海报见图3-16。

图3-16　三只松鼠网店促销海报

2. 图片呈现出差异化营销

淘宝网店数以百万计，如何从众多同类型网店中脱颖而出，差异化营销是一个不错的方式。表现在图片美化上，则是图片的呈现方式在美观和整体风格统一的前提下能做到与众不同。比如女装网店茵曼，之前主打韩国流行风，因为市场竞争激烈，转而对企业文化进行转型，将整体风格改为独特的民族风，迅速在淘宝服装市场中崭露头角，网店图片风格也呈现出素雅、文艺、森系等鲜明的特色，见图3-17。

图3-17 茵曼旗舰店海报

3. 图片符合潜在消费者的审美需求

美工装修也需要营销定位，了解潜在消费者的年龄、收入、喜好等特征，并根据这些特征不断满足其审美需求。营销定位的实质是消费者、市场、产品、价格以及广告诉求的重新细分与定位。比如OPPO手机定位于年轻消费群体，其网店海报呈现的卖点一般包括商品精美的外观、自拍功能亮点、明星代言人等年轻人关注的元素，这样才容易让消费者找到认同感，见图3-18。

图3-18 OPPO旗舰店海报

4．图片呈现营销亮点，成为导购工具

网店如果仅放模特图或产品图，上面什么文字都没有，会显得图片和网页非常单调与单薄，没有重点。所以，图文结合是网店常见的营销方式，可以使图片成为呈现营销亮点的导购工具。但图片中文字不宜过多，不要面面俱到，应在最主要的地方多下笔墨，通过精美的排版突出营销亮点，这样才能给消费者留下深刻的印象。比如图3-19中除了模特，文字信息主要呈现的就是T恤节打折这一营销亮点。

图3-19　天猫首页促销海报

想一想

请同学们思考一下，如果网店主要销售U盘等数码产品，那么其目标群体应为哪些人？网店的装修风格应该是怎样的？

理一理

请同学们梳理淘宝网中经营不同类型商品网店的装修风格和配色特点，见表3-3。

表3-3　经营不同类型商品网店的装修风格和配色特点

商品类型	装修风格	配色特点
食品类		
服装类		
数码类		
生活百货类		

活动评价

评价项目	自我评价		教师评价	
	小结	评分	点评	评分
1．了解商品图片美化原则（25分）				
2．能根据图片分析图中卖点（25分）				
3．能判断网店图片的优劣（25分）				
4．掌握图片营销技巧（25分）				
合　　计				

活动二　美工体验

活动描述

小张对美工的工作十分感兴趣，他十分好奇网店美工每天的工作内容。那么，现在就让我们和小张一起体验网店美工的日常工作，了解网店装修的内容，运用工具简单美化图片吧。

活动实施

第一步：打开淘宝店首页，了解网店装修内容

现在让我们和小张一起打开淘宝店铺的首页，以格力天猫官方旗舰店为例，来学习一下装修中的基础知识和元素吧。

随着淘宝网的迅速发展，现今的淘宝网店分为两种，一种是淘宝集市店铺，一种是天猫企业店铺。两者网店装修设计的方向和内容基本是一致的，店铺装修的内容一般包含首页、宝贝列表页、宝贝详情页三个部分。

首页装修一般需要进行店标、店招、图片轮播等板块的设计。

宝贝列表页装修，是指对宝贝分类页面进行优化，主要是呈现产品，需要对产品图做一些美化处理，突出产品的质感及品质。

宝贝详情页装修，是指对呈现具体产品的页面进行优化，为了突出产品，要尽可能从多个角度拍摄产品图，突显细节及产品特点，并配合相应的文字描述等。

现在我们以格力天猫官方旗舰店（见图3-20）为例讲解首页装修。

图3-20　格力天猫官方旗舰店首页

知识链接 ▶▶▶

首页装修

首页装修主要包括以下栏目。

1．店标

店标也称为Logo，作为网店的标志，要能体现店铺的个性、经营内容并能够给人留下深刻的印象。常见的店标一般结合了店铺名称和主营内容，比如格力的店标就是文字和图形的组合。

2．店招

店招指店铺招牌，一般出现在网店的最上方。店招大小在100千字节（KB）以内，淘宝建议规格为950像素×120像素。对于店招的装修，需要考虑整个店铺的风格、主题色彩和经营的产品类型等因素，以确定店招的样式，格力的店招就是将品牌宗旨和店铺促销商品融合在一起。

3．图片轮播

这个板块是首页装修中非常重要的一个部分。我们查看网店时，一般第一眼注意的就是网店的图片轮播。淘宝网规定的最大轮播图片尺寸为950像素×600像素，这部分一般展示的是店铺的主打产品或者促销广告等。总之，应把最能吸引客户的设计都放在此处。我们可以看到，格力的图片轮播板块促销信息明确，让消费者可以一目了然地看到所需要的信息。

想一想

请同学们打开淘宝网，找出自己平时喜欢的网店，看看这些网店的店标、店招和图片轮播分别是怎么设计的，并总结出一些共同点。

搜一搜

请同学们上网搜索，了解在淘宝网店铺装修时，如果需要做全屏宽图尺寸的图片轮播，那么图片的适宜宽度应是多少？

第二步：了解海报制作要点，学会制作简单海报

小张要给网店制作海报了，可是他不会使用Photoshop。对于像小张这样的初学者，美图淘淘之类的软件就派上了用场。

知识链接 ▶▶▶

海报制作要点

海报是一种传递信息的艺术，是一种大众化的宣传工具。海报又称招贴画，是贴在街头墙上、挂在橱窗里的大幅画作，以其醒目的画面吸引人们的注意。在网店中，海报一般指店铺的图片轮播，其目的也是吸引消费者的注意，让消费者通过轮播了解产品信息或者促销内容。海报制作过程有7个要点需要我们注意。

（1）主题明确。

（2）重点文字突出。

（3）符合阅读习惯。

（4）以最短的时间激起点击欲望。

（5）色彩种类不要过多，应搭配和谐。

（6）产品数量不宜过多。

（7）信息数量要平衡，要有留空，留空可以使图片和文字有呼吸空间。

其他海报设计内容我们在活动一"美工思辨"的图片营销重点及技巧中都有涉及，现在我们就一起来试一试吧。

请同学们在计算机上打开美图淘淘软件，根据本书教学资源所提供的素材2完成一张商品海报图的制作。

第一步：打开美图淘淘工具

单击"批量导入图片"，将素材图片导入，选择"自定义宽度"，将尺寸设置为950像素，这是常见的轮播图片尺寸，见图3-21。

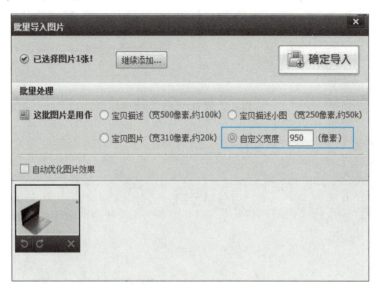

图3-21 在美图淘淘中导入素材图

第二步：调整图片大小，美化图片

导入图片后，可以先调整图片大小，使图片符合显示器尺寸，按住<Ctrl>键转动鼠标滚轮即可。

然后可以进行图片的基本美化，上次我们使用了"柔光"模式，这次使用"锐化"模式，使图片看起来更清晰，质感更佳，见图3-22。

图3-22 用"锐化"模式美化图片

第三步：为商品海报添加自定义促销文案

为确保商品海报中的文字能够个性化地展现，并突出促销信息和商品特点，我们就不选用美图淘淘内置的素材了。我们可添加"小米笔记本Air""12.5寸买即赠69元内胆包""13.3寸直降50元领券再减50元""¥3499元起"等文字描述商品。

"小米笔记本Air"字号51，深灰色和深红色；"12.5寸买即赠69元内胆包""13.3寸直降50元领券再减50元"字号25，浅灰色；"¥3499元起"因为字号大小不同，可分成三部分："¥"和"起"字号23，"3499元"字号63，都为深红色。

这里需要注意调整文字大小和颜色，以突出重点；同时，对文字进行左对齐，使得页面整齐美观，见图3-23。

图3-23　为商品海报添加自定义促销文案

第四步：保存

图片制作完成后，单击右下角的"生成图片"进行保存，即可生成一张新的商品海报图。

做一做

小张的女装店准备在6月18日进行全场促销活动。全店商品五折起，领券优惠，满199元减10元，满299元减20元，满499元减50元。请您在网上找一张素净的女装图片素材，并使用美图淘淘软件设计一张店铺海报。

设计要求：

（1）素材大小需为宽950像素，长1 280像素。

（2）能够准确地展现"618"活动主题，活动时间：6月12日—6月18日。

（3）包含以下促销文案：全店商品五折起、满199元减10元、满299元减20元、满499元减50元。

知识加油站

美工设计参考网站

1. 花瓣网

花瓣网（http://huaban.com/）是国内优质图片库，同时也是设计师寻找灵感的宝库。它是一个类似"Pinterest"网站且基于兴趣的社交分享平台，为用户提供简单的采集工具，帮助用户将自己喜欢的图片进行重新组织和收藏。

2．站酷

站酷（http://www.zcool.com.cn）是一个具有较高人气的设计师互动平台，2006年8月创立于北京。站酷聚集了众多专业设计师、插画师、摄影师、艺术院校师生等设计创意群体，会员交流涉及艺术创作、广告创意、交互设计、影视动漫、时尚文化等诸多创意文化领域，是我国最活跃的原创设计交流平台之一。

3．千图网

千图网（http://www.58pic.com/）是专注于提供免费设计素材下载的网站，也是免费素材最多的网站之一。该网站主要面向平面设计师、淘宝卖家、网页开发者、UI设计师、家居装饰从业者等群体，提供矢量图、PSD源文件、图片素材、网页素材、3D模型素材、手机App素材、PPT、画册、图标等热门主流素材免费下载服务。

知识加油站

了解《中华人民共和国广告法》

每年重大节日之时，经常有个别广告发布者、广告主因为违反《中华人民共和国广告法》（以下简称《广告法》）而被查处。因此，了解《广告法》的规定十分有必要。

《广告法》第九条规定，广告不得有下列情形：

（一）使用或者变相使用中华人民共和国的国旗、国歌、国徽，军旗、军歌、军徽；

（二）使用或者变相使用国家机关、国家机关工作人员的名义或者形象；

（三）使用"国家级""最高级""最佳"等用语；

（四）损害国家的尊严或者利益，泄露国家秘密；

（五）妨碍社会安定，损害社会公共利益；

（六）危害人身、财产安全，泄露个人隐私；

（七）妨碍社会公共秩序或者违背社会良好风尚；

（八）含有淫秽、色情、赌博、迷信、恐怖、暴力的内容；

（九）含有民族、种族、宗教、性别歧视的内容；

（十）妨碍环境、自然资源或者文化遗产保护；

（十一）法律、行政法规规定禁止的其他情形。

活动评价

评价项目	自我评价		教师评价	
	小结	评分	点评	评分
1. 了解店铺装修的内容（25分）				
2. 能归纳店铺首页装修的内容（25分）				
3. 掌握海报制作的要点（25分）				
4. 能使用软件制作简单的海报（25分）				
合　　计				

项目总结

通过本项目的学习，学生应对网店美工这个岗位有基本的认知，了解网店美工的概念、作用及网店美工的工作职责和要求，并对网店美工常用的工具有基本的了解，会简单的操作。同时，体验网店美工的日常工作，可使学生们学习如何判断商品图片优劣、分析图片卖点、了解网店装修的内容，并能使用简单工具对网店海报进行优化。

项目练习

一、填空题

1. 网店美工最主要的作用在于_____与_____。

2. 淘宝店铺首页装修主要涉及_____、店招、_____等板块。

3. 网店海报制作一般有7个要点，分别是：_____、重点文字突出、_____、以最短的时间激起点击欲望、_____、产品数量不宜过多、信息数量要平衡。

4. 网店美工入门的操作软件有_____、美图淘淘、_____等，进阶的软件有_____、Illustrator、_____、3D Studio Max等。

5. 图片营销有4个重点：在海报中建立企业文化、_____、符合潜在消费者审美需求的图片、_____。

二、实践题

请同学们在网上找一张手机素材主图，为这张主图创作促销文字，并进行排版布局。

项目三
网店美工

项目四

网络营销

项目简介

　　本项目中，我们将从网络调研工具入手，了解网络市场调研，并学会运用简单的网络调研工具。同时，通过认识、体验网络营销岗位，了解网络推广及网络促销。要求会使用微博、微信等网络营销工具开展营销活动。

项目目标

知识目标

- 掌握网络营销的概念与特点。
- 了解网络推广方式和网络促销的种类。

能力目标

- 具备运用网络调研工具进行市场分析的能力。
- 能够熟练运用网络营销工具开展有效的营销活动。

素养目标

- 培养对网络营销领域持续学习和探索的能力。
- 恪守网络法律法规，规范网络行为，强化网络使用的法治意识。

任务一
认识网络营销

任务介绍

　　在这一任务中，我们将学习与梳理网络营销的一些基础知识，使同学们对网络营销有基本的认知。通过活动一"岗位初识"，使学生了解网络调研工具；通过活动二"轻松调研"，以设计调查问卷为出发点，了解网络调研的工作流程与方法。

活动一 岗位初识

活动描述

小张是电子商务类网络营销专业二年级的学生，看到即将毕业的学长纷纷加入求职大军中，小张决定提前做好准备为将来就业提升竞争力。通过学长的经验介绍，小张了解到，网络求职是当下广大求职者一种重要且快捷的途径。那么网络营销专业方向有哪些就业岗位呢？

活动实施

第一步：通过各种渠道，了解网络营销

小张对网络营销一知半解，但在平时生活中的确也接触过不少网络营销形式，因此他借助网络、以学习的态度开始了学习之旅。

> 📖 **知识链接** ▶▶▶▶
>
> 网络营销
>
> 网络营销（On-line Marketing/Cyber Marketing）的全称是网络直复营销，由此可见它是直复营销的一种形式，是企业以电子信息技术为基础，以计算机网络为媒介和手段而进行的各种营销活动（包括网络促销、网络分销、网络服务等）的总称。

一、网络营销的概念

狭义上，网络营销是指组织或个人基于开放便捷的互联网，针对产品、服务开展一系列经营活动，从而满足组织或个人需求的全过程。常见的网络营销平台见图4-1。

广义上，网络营销贯穿于企业开展网络营销活动的整个过程，包括信息收集、信息发布等。可见，网络营销具有很强的实践性特征。从实践中发现网络营销的一般方法和规律，比空洞的理论讨论更有实际意义。

例如，可口可乐公司曾凭借着独特的创意，推出"歌词瓶"（见图4-2）。歌词瓶上的歌词大多出自人们耳熟能详的歌曲，消费者扫描瓶身上的二维码便可观看一段音乐动画，并在社交平台上分享，借此表达自己的心情。可口可乐公司首先利用名人效应，在官方微博上发布与歌词相关的内容，进行定制化产品投放，以使消费者熟知产品。随后，公司在官方微博上发布与歌词相关的内容，与产品配合。于是，产品推出不久，我们便看到不少朋友在自己的社交平台上也晒起了有意思的歌词瓶。

由此可见，只要抓住时机，找到属于自己的市场，积极进行网络营销，就能在这新时代的广阔市场中，赢得自己的一席之地。

图4-1 网络营销平台

图4-2 可口可乐歌词瓶

二、网络营销的特点

网络营销具有传统营销所不具备的许多独特且鲜明的特点，体现了个人之间进行信息传播和交换式市场营销的本质。因此，互联网具有营销所需的某些特性，这使得网络营销呈现出交互的便捷性、个性化和超前性等特点。

1．传播的超时空性

营销的最终目的是占有市场份额。互联网能够超越时间和空间限制进行信息交换，使得营销活动摆脱脱离时空的限制。企业有了更多的时间和更大的空间进行营销，可每周7天、每天24小时随时随地提供全球性营销服务。

2．交互的便捷性

网站支持在线提交表单、留言，并可通过论坛、QQ、微信、E-mail等进行双向交流，使得客户在产生对某种产品的需求时，能够有针对性地及时了解产品和服务信息。

商家通过提供良好的在线客服可以增强客户信赖感，快速了解消费者需求，从而提高成交率。例如，现在很多公司都开设网络企业论坛，论坛上不光有产品的详细介绍，客户还可以向企业提出问题，企业可及时解答这些问题，这就提高了企业与客户之间的交互性，从而增强客户的信赖感和对企业的认可度。

3．个性化

网络营销打破了传统营销的限制，可根据客户的需要提供产品，改变了"企业提供什么，用户就接受什么"的传统方式，变成"用户需要什么，企业就提供什么"的新方式。

4．成长性

随着经济的高速增长，居民的收入水平及消费水平也不断提高，越来越多的居民开始使用互联网。与此同时，越来越多的企业建立自己的网站，开始尝试通过网络开展营销活动，网络营销的成长性得到广泛认可。

5．整合性

网络营销是一种对各种营销工具和手段进行系统化整合的策略，它根据环境进行即时性的动态修正，以使交互双方在交互中实现价值增值。网络营销也可以称作"资源整合营销"。

6. 超前性

网络营销是一种功能强大的营销方法，它利用互联网的先进工具，兼具促销、电子交易、渠道服务、互动服务、市场信息分析与提供等强大功能。实际上，它具备的一对一营销能力，正符合定制营销与直复营销的未来趋势，也是未来主要的营销手段。

7. 高效性

在网络上，服务器的存储成本低、信息容量大、传送速度快，网络信息不断更新且易于搜寻。消费者对于商品信息的了解渠道和选择范围显著拓宽，他们的消费行为会更加主动，消费需求更能及时得到满足。

8. 经济性

网络营销通过互联网进行信息交换，代替以前的实物交换，一方面可以减少人力、物力、财力的投入（无店面销售可免交店面租金，节约水电与人工成本等），另一方面可以减少交换带来的损耗。

9. 技术性

网络营销以网络平台为基础，搭建网络营销平台需要通信技术的支撑。企业开展网络营销必须有相应的技术投入和技术支持，需要拥有营销知识、掌握网络通信技术的复合型人才。

💡 想一想

随着时代的进步，网络营销已经受到了企业的热捧。网络营销作为一种特殊的营销方式，是否适合所有企业？适合网络营销的行业有哪些呢？

第二步：了解网络营销岗位的用人要求，做好职业规划准备

通过初步了解，小张明白了原来网络营销就是通过以互联网技术为基础的高新技术与营销资源融合，以促成商品交换为目的的一种新型营销模式。他对这个岗位逐渐产生了兴趣。如果要成为一名网络营销工作者，需要具备什么条件呢？

理一理

请登录招聘网站，如智联招聘、前程无忧、中华英才网等，搜索"网络营销"相关职位，查看岗位职责和任职要求。通过高级搜索功能，对月薪和工作经验进行筛选，然后进行梳理与总结，完成表4-1、表4-2。

表4-1　不同月薪水平下岗位职责与任职要求对比

招聘职位			
月薪范围（元）	2 000～4 999	5 000～7 999	8 000及以上
岗位职责			
任职要求			

表4-2 不同工作经验水平下岗位职责与任职要求对比

招聘职位			
工作经验（年）	不限	1～3	5以上
岗位职责			
任职要求			

网络营销专业毕业生主要面向网络客户服务、网络销售推广、网络营销策划、电子商务运营、网络交易数据分析等职业领域。

1. 初始就业岗位群

电子商务企业的网络客服、网络销售人员、网络推广专员、网络营销策划人员、网上市场调查员、电商运营专员。

2. 发展岗位群

电子商务企业的客服经理、网络推广主管、网络销售主管、电子商务网站策划、电商数据分析专员。

以淘宝网为例，其提供的初始就业岗位工作任务与职业能力分析见表4-3。

表4-3 初始就业岗位工作任务与职业能力分析表

初始就业岗位	工作任务	职业能力
网络推广专员	淘客推广	具备良好的合作态度及团队精神，有责任心，沟通能力强，善于表达与交流 能熟练操作计算机，了解互联网和网络营销基本知识，熟悉网络营销方式和电子商务网络产品推广流程 良好的沟通及团队协作能力，有责任心、学习能力强
	直通车推广	能独立完成网站前后台工作，熟悉互联网B2B、B2C网站的运营及推广营销，能针对企业特点熟练运用网络营销组合策略完成网络营销策划 能根据企业特点在B2B、B2C平台上建立符合产品特点的网上商城，搭建便捷合理的购物通道 熟悉企业产品和客户分布，能合理设计电子商务企业产品销售渠道和推广方案
电商运营专员	网店运营	具有较强的文字表达能力和沟通协调能力 熟悉淘宝店铺后台，能通过网络进行商务信息的收集、处理与发布 能编写网络广告策划书，并对网络广告进行合理推广 熟悉论坛推广、社区推广及其他新兴网络推广媒介 能熟练利用搜索引擎、相关行业网络媒体、邮件、论坛、微博、微信等多种网络推广方式开展公司网站和相关产品推广
	商城运营	能进行线上、线下产品推广，熟悉各种网络运营环境、交易规则、网络推广资源 会运用论坛、网络联盟、网络商城开展广告营销，对产品促销活动有较强的策划和执行能力 熟悉商城店铺后台的活动专区，会使用直通车、阿里巴巴等推广渠道 能分析各种网络消费者的购物习惯和购物心理，熟悉网上用户沟通技巧，具有良好的营销能力，沟通能力强 能进行项目策划和目标管理，工作细致、耐心，有计划性，做事认真负责

第三步：了解网络营销的准备工作，了解市场调研工具

网络营销好比一个系统工程，涉及很多方面，需要结合企业自身的实际情况，对市场进行需求分析，做好网络营销计划，最终才能够实现网络营销对企业宣传推广的作用。小张准备通过网络市场调研，了解市场和客户的需求。那么网络市场调研的工具有哪些呢？

常见的网络市场调研工具有CNNIC、八爪鱼、问卷网、问卷星、百度、阿里指数等。

1．CNNIC：中国互联网络信息中心（见图4-3）

用途：互联网地址资源注册管理；互联网调查与相关信息服务；目录数据库服务；互联网寻址技术开发；国际交流与政策调研等。

方法：进入官网，然后通过关键词搜索或其他链接进入即可。

图4-3　中国互联网络信息中心

2．八爪鱼：数据采集器（见图4-4）

用途：将网页非结构化数据转化成结构化数据，以数据库或Excel等多重形式进行存储，也可以通过云采集将信息进行存储。

方法：①打开八爪鱼软件，单击"快速开始"，新建任务；②复制需要抓取数据的网页地址；③单击要采集的页面元素，创建一个元素列表；④添加元素，单击"完成"结束添加，再次单击可以实现循环添加；⑤提取数据—单机采集—导出数据。

图4-4　八爪鱼软件

3．问卷网：提供专业、免费的市场调研等服务（见图4-5）

用途：数据实时在线统计分析，跨终端平台自适应。

方法：创建一份问卷，发放给目标受众进行填写，后台将对数据进行分析和处理。

图4-5　问卷网

4. 问卷星：专业的在线问卷调查、测评、投票平台（见图4-6）

用途：专注于为用户提供功能强大且人性化的在线设计问卷、自定义报表和调查结果分析系列服务。

方法：创建一份问卷（或发起投票活动），发放给目标受众进行填写，后台将对数据进行分析和处理。

图4-6　问卷星

5. 百度：功能强大的中文搜索引擎（见图4-7）

用途：致力于为互联网用户提供更加便捷的数据检索体验。

方法：进入百度首页，在搜索栏中输入关键词，单击"百度一下"即可。

图4-7　百度

6. 阿里指数：了解电商平台市场动向的数据分析平台（见图4-8）

用途：①行业大盘分析，可针对特定行业进行分析；②市场行情监测；③属性细分，对款式、风格等进行占比分析；④热门行业、潜力行业和采购商分析。

方法：进入阿里指数，在搜索栏中输入某一行业类目，然后依次分析解读数据。

图4-8 阿里指数

知识链接 ▶▶▶

1. 网络市场调研的概念

网络市场调研是指在互联网上针对特定营销环境进行调查设计、收集资料和初步分析的活动，这一过程旨在为企业互联网营销决策提供数据支持和分析依据。

网络市场调研既是网站的基本功能，也是网络营销的基本职能。

网络市场调研是企业为了达到特定的经营目标，利用互联网作为信息传播媒体，系统、有目的地收集、整理、分析和研究与市场有关信息的过程。网络市场调研是企业网络活动的起点，通过调查可以获得竞争对手的信息，分析市场环境，为确定营销目标提供相对准确的决策依据。

2. 网络市场调研的内容

（1）市场需求调研。市场需求调研的目的是掌握市场需求规模、市场规模、市场占有率，并探究如何运用有效的经营策略和手段。

（2）消费者购买行为调研。涉及消费者基本特征（家庭背景、地域分布、经济状况等），购买动机，购买时机与地点偏好，消费方式。

（3）营销目的调研。涉及产品调查、价格调查、分销渠道调查、广告策略调查、促销策略调查。

想一想

网络市场调研就是将调研问卷发布到网上，您觉得这样的说法正确吗？

活动评价

评价项目	自我评价		教师评价	
	小结	评分	点评	评分
1. 能说出网络营销的定义和特点（25分）				
2. 能列举网络营销岗位的种类及其工作职责（25分）				
3. 能说出网络市场调研的概念和内容（25分）				
4. 能说出常见的网络市场调研工具（25分）				
合　计				

活动二 轻松调研

活动描述

　　小张逐渐明白网络市场调研的作用，但他还是不清楚如何根据具体需求设计调研问卷以及撰写调研报告。通过本次活动，让我们和小张一起，根据掌握的网络市场调研知识，了解网络市场调研的方法，学习网络营销市场调研的操作流程。

活动实施

　　为了了解网上订餐App在学校的使用情况，请同学分组合作对在校学生进行一次市场调查，收集相关资料，然后完成一份市场调研报告。

第一步：设计网络调研问卷

　　企业在日常运营中，常会利用问卷进行员工满意度调查、人员能力测评、市场调研、客户满意度调查等。小张了解到，调查派是拥有强大数据分析功能的免费在线调查问卷设计和发布系统。其提供的免费在线调查表设计、调查数据分析及在线查看调查结果等功能，可以帮助大家设计调查表并在互联网上发布，所得调查结果以多种方式直观展示，分析结果一目了然。下面我们和小张一起学习调查派的使用。

　　（1）打开IE浏览器，在地址栏输入调查派网址http://www.diaochapai.com/，单击进入主界面，见图4-9。

图4-9　调查派界面

　　（2）首次登录，先完成注册。单击"注册"，进入如图4-10所示界面，选择不同的注册方式，完成注册。

　　（3）注册后，进入如图4-11所示界面，单击"新建调查表"，开始设计调研问卷。

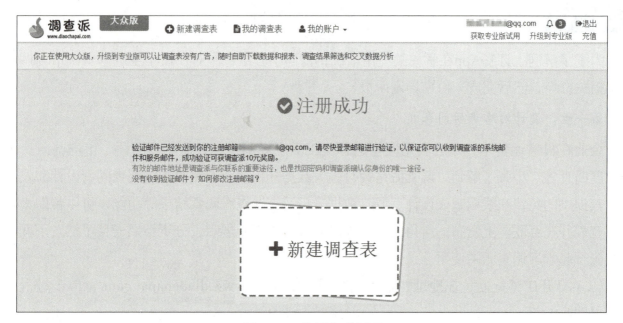

图4-10 注册界面

图4-11 注册完成界面

（4）进行问卷设计，根据需要选择题型，见图4-12。

图4-12 选择题型界面

（5）单击"编辑内容"设计问卷具体内容，调查派提供了多种问题形式的模板，可分别单击单选/多选、组合选择、打分、组合打分、排序、填空/问答等选项，输入问题。

（6）完成所有问题的编辑后，单击"设置外观"，进入如图4-13所示界面，设置喜欢的外观。

图4-13 设置外观界面

（7）将问卷链接通过微博、微信、QQ、E-mail等方式直接发给调查者，或者直接导入被调查对象的邮件地址，由系统自动发送邀请邮件，见图4-14。

图4-14 分享问卷地址链接

（8）回收问卷后，对问卷进行数据统计分析，见图4-15。调查派提供数据统计分析工具，对回收的问卷结果以数据表格、饼状图、柱状图、条形图等形式呈现，见图4-16。

图4-15 问卷结果统计分析

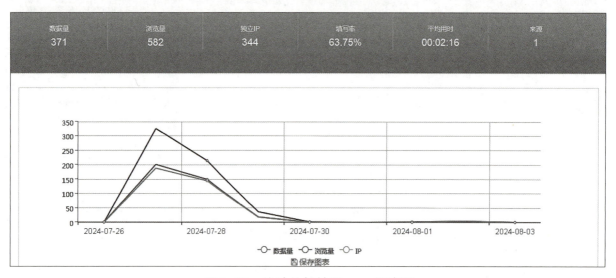

图4-16 统计分析结果——折线图

做一做

为了了解网上订餐App在学校的使用情况，请根据表4-4设计一份调查问卷，并通过QQ、微信或者E-mail发给调查对象完成填写。

（1）本次调查以本校学生为主体，用随机抽样的方法抽取调查对象。调查问卷的发放与回收，借助在线平台"调查派"软件来完成。最终抽取20份有效问卷。

（2）根据了解的信息完成表4-4。

表4-4 网上订餐App使用情况调查分析表

调查项目	分析结果
主要外卖App竞争情况	
学生网上订餐时段偏好	
学生网上订餐时段差异性	
学生食堂与外卖选择偏好差异	
不同年级学生对外卖的消费状况	
学生外卖的需求程度、消费观点及习惯	
学生消费能力、消费层次及消费比例	
学校教学、生活环境对外卖行业发展的影响	

知识加油站

调查问卷中的问题类型

按照是否提供答案，调查问卷中的问题可分为开放式和封闭式两种类型。

1. 开放式问题

只提问题或要求，不给具体答案，要求被调查者根据自身实际情况自由作答，调查者没有对被调查者的选择进行任何限制。开放式问题主要有以下几类：

（1）事实询问。要求被调查者依据现有事实来回答问题，不必提出主观看法。

（2）意见征询。主要用于了解被调查者对有关问题的意见、看法、要求、打算以及产生原因。

（3）自由回答。调查者事先不提供任何具体答案，让被调查者根据提问自由回答问题。

2. 封闭式问题

封闭式问题是指在设计调查问题的同时，还设计各种可能的答案让被调查者从中选定自己认为合适的答案。

（1）两项选择式。回答项目只有对立的两项，也称是否法。这种问题的答案是唯一的，必须二者择一。

（2）多项选择式。多项选择式问题是对一个问题事先列出几种（三个或三个以上）可能的答案，让被调查者根据实际情况，从中选出一个或几个最符合自身情况的选项作为答案。

（3）顺位式。在多项选择式问题的基础上，要求被调查者对所询问问题的各种可能的答案，按照重要程度或喜爱程度排序。

（4）程度评等式。该问题的特点是调查人员对所询问问题列出程度不同的几个答案，并事先对答案按顺序评分，请被调查者选择一个答案。

做一做

判断以下调查问卷中的问题类型。

1. 您的性别是（　　　）。

□男　　　　　□女

2. 请问您是否喜欢上网？

□喜欢　　　　□还好　　　　□不喜欢

3. 请问您看电视的习惯是怎样的？

□从不看　　　□很少看　　　□偶尔看

□时常看　　　□每天看

4. 您的偶像类型是（　　　）。

□歌星　　　　□影星　　　　□思想家　　　　□科学家

□其他＿＿＿＿＿＿＿＿＿＿＿＿＿＿＿＿＿＿＿＿＿＿＿＿＿＿＿＿＿

5. 您认为偶像对个人成长的意义是什么？

＿＿＿＿＿＿＿＿＿＿＿＿＿＿＿＿＿＿＿＿＿＿＿＿＿＿＿＿＿＿＿＿

第二步：回收并处理问卷

问卷发放并回收后，接下来的关键步骤是进行问卷处理。这一环节非常重要，具体流程如下。

（1）初步检查问卷。

（2）对空白问卷、乱填问卷及不完整问卷进行处理。

（3）对多项答案的问卷进行处理。

（4）问卷编码与录入。

（5）数据检查。

请同学们分小组归纳网络问卷调查与传统问卷调查各自的优势与劣势，完成表4-5。

表4-5　网络问卷调查与传统问卷调查优劣势分析

项目	问卷调查类型	
	网络问卷调查	传统问卷调查
优势		
劣势		

第三步：撰写网络调研报告

根据表4-4的填写结果，撰写一篇研究报告，至少包括以下9部分内容。

（1）题目。

（2）前言。

（3）调查目的。

（4）调查对象。

（5）调查内容。

（6）调查方法。

（7）资料整理。

（8）调查结果总结。

（9）附录（调查问卷）。

 知识加油站

可口可乐市场调研策划书

1. 前言

可口可乐是很早就兴起的市场消费品之一，其产品遍布世界各地，品种也不断增加。根据预测，该市场需求呈曲线上升趋势。

为了扩大可口可乐在消费者中的市场份额，同时根据市场环境分析（目前在江西、贵州两省的销售情况日益趋好），可口可乐公司认为有必要进行饮料市场调查，以更好地指导销售工作。

本次市场调查将围绕三个立足点——消费者、市场、竞争者——展开策划。

2. 调查目的

（1）为可口可乐在湖南、江西、贵州市场进行营销策划提供客观依据。

1）了解3个省份的市场情况。3个省份经济发展基础不同，消费水平不一样。

2）了解3个省份消费者的人口、家庭等统计资料，测算市场容量及潜力。

3）了解消费者对可口可乐的消费观点、习惯、偏好以及建议等。

4）了解竞争对手的广告策略、销售策略。

5）了解消费者的年龄分布。

（2）为公司总体营销提供相关的市场信息，为更好地实行生产、销售管理以及新产品的研发提供客观依据。

3．调查内容

（1）消费者。

1）消费者统计资料（年龄、性别、收入水平、文化程度、家庭构成等）。

2）消费者对可口可乐的消费形态（饮用习惯、花费金额、偏好、看法等）。

3）消费者对可口可乐的购买形态（购买地点、选购标准、购买品种等）。

4）消费者对理想可口可乐公司的描述。

5）消费者对可口可乐广告及促销活动的反应。

（2）市场。

1）湖南、江西、贵州3个省份饮料的数量、品牌、销售状况。

2）湖南、江西、贵州3个省份消费者需求及购买力状况。

3）湖南、江西、贵州3个省份市场潜力测评。

4）湖南、江西、贵州3个省份可口可乐销售渠道状况。

5）湖南、江西、贵州3个省份的物流情况。

（3）竞争者。

1）湖南、江西、贵州3个省份市场的饮料类型、品牌、定位、档次等。

2）市场上现有可口可乐的销售状况。

3）可口可乐的主要消费群体描述。

4）竞争对手的广告策略及销售策略。

4．调查对象及抽样

目前，市场上饮料琳琅满目，知名品牌也有很多。所以，在确定调查对象时，需点面结合，有所侧重。

调查对象抽样如下：

（1）消费者。家庭月收入为3 000～6 000元（含6 000）的占50%；家庭月收入为0～3 000元（含3 000）的占30%；其他占20%。

（2）竞争者。选取20家主要竞争对手，其中重点分析百事可乐公司。

议一议

各小组分享网上订餐App在学校使用情况的调查报告，分析各自的优缺点并提出有针对性建议。

活动评价

评价项目	自我评价		教师评价	
	小结	评分	点评	评分
1. 能合理选择并使用调研工具（30分）				
2. 能根据要求设计一个调查问卷（35分）				
3. 能根据调查问卷情况撰写调研报告（35分）				
合　计				

任务二
开展网络营销

任务介绍

在这一任务中，我们将学习营销推广方式，使学生们对网络推广及网络促销有基本的认知。通过学习和体验微博营销与微信营销，懂得如何运用常见的网络营销工具来开展网络营销。

活动一　营销推广方式

活动描述

小张在基本掌握网络调研工具，撰写好调查报告后，开始思考如何开展正式的营销推广工作。现在就让我们和小张一起，了解网络推广的方式及网络促销类型。

活动实施

第一步：了解网络推广

知识链接 ▶▶▶

网络推广的概念及方式

1. 网络推广

网络推广广义上讲是企业或者个人通过网络宣传方式进行的营销活动，旨在利用网络让更多的人了解产品，从而使产品在网络上获得订单。

网络推广狭义上讲是通过互联网推广，脱离互联网的推广就不是网络推广。狭义的网络推广还强调优化用户体验，即利用口碑效应和互联网平台工具进行有效推广。

2．网络推广方式

（1）软文推广。软文推广是通过文字内容对产品进行宣传，旨在促进销售。本质上，它属于广告的一种形式，但以文章的面貌呈现。软文推广不仅为企业的网站吸引大量访问者，还致力于提升其商业价值，这正是其最终目标。

（2）网络广告。网络广告是指在各种互联网平台上发布的广告，包括网站横幅、文本链接、视频广告等。这种广告形式是互联网发展浪潮中诞生的新模式。

（3）搜索引擎推广。搜索引擎推广是指企业或个人根据潜在用户使用搜索引擎的习惯，将产品信息有效地传递给目标客户。用户在搜索时所用的关键词反映了他们对相关产品或问题的兴趣，这种兴趣是搜索引擎推广的核心所在。关键词在搜索引擎营销中扮演着至关重要的角色。

（4）论坛推广。论坛推广，也称为发帖推广，是通过在论坛、社区、贴吧等网络交流平台发布帖子，以文字、图片、视频为主要传播媒介，旨在提升品牌知名度、口碑和美誉度的营销活动。

（5）第三方电子商务平台。第三方电子商务平台是提供电子商务服务的网络平台供应商，它们为买卖双方提供信息和交易服务。这些平台的海量信息保证了产品信息的高曝光率，进而带来更多的订单。

（6）电子邮件推广。电子邮件推广即E-mail营销，是在获得客户同意的前提下，通过电子邮件向他们传递信息的一种营销手段。

（7）微博推广。微博推广是指通过微博平台执行的营销方式，旨在为商家、个人创造价值，同时也是一种满足用户需求的商业行为。

（8）微信营销。微信营销不受地理限制，用户注册后可以与其他注册用户建立联系，订阅所需信息。商家可以通过提供用户感兴趣的信息来推广产品，实现精准的点对点营销推广。

知识加油站

凡客诚品的电子邮件营销

随着B2C企业的发展进入成熟阶段，会员维护逐渐成为企业关注的焦点。企业与会员间的情感纽带是否牢固，直接关系到企业的长远发展。在众多网络营销手段中，电子邮件营销以其不侵扰用户的特点，同时兼顾情感维系与营销推广，成为许多B2C企业的首选策略。本文将以凡客诚品的一封普通邮件为例，深入分析其邮件营销的细节。

（1）时机选择。凡客诚品在用户签收订单后的第11～12天发送用户满意度调查邮件，这一时机把握得非常精准。与一些企业在用户签单后第二天就发送满意度调查的做法不同，凡客诚品的11天间隔让用户有充足的时间全面体验产品，包括穿着、洗涤、晾晒以及再次穿着等多个环节。在这个过程中，用户更愿意分享他们的真实感受。

（2）邮件结构。邮件内容分为三个部分：调查、促销、答疑。这种结构层次分明，尤其是将促销信息融入调查邮件中，有效促进了用户的二次购买。

（3）设计风格。邮件内容采用图文结合的方式，既吸引用户的注意力，又降低了邮件被ISP（互联网服务提供商，如163、搜狐、QQ）误判为垃圾邮件的风险。

凡客诚品的邮件营销策略在多个方面都体现了其专业性。邮件营销并非仅仅是向用户发送邮件那么简单，它是企业用户体验的重要组成部分，与网站和客服电话的用户体验同等重要。专业的电子邮件服务提供商（ESP）能够帮助企业迅速建立邮件营销体系，确保用户获得优质的网络体验。

思考：1. 案例中，凡客诚品的邮件营销有哪些特点？
　　　2. 凡客诚品邮件营销的可取之处有哪些？

第二步：了解网络促销

知识加油站

网络促销对品牌推广作用大

海南生鲜农产品第一次集中"触网"预演之际，聚划算汇聚海南之"海南厨房"活动，挑选出了七仙金葵黄秋葵、呀子美椰子饭等13个特色农产品进行促销。3天共售出琼中绿橙44吨、藻花香猪7吨、黄椒4万瓶、黄秋葵5 000份……成交额达2 409万元。仅椰子饭一项，3天便售出了以往线下全岛一年总销量的63%。

琼中佳佳旅橙专业合作社种植了超过1.6万亩绿橙，首次与电商合作，通过互联网销售绿橙20多万斤。"我们的绿橙不打催熟剂，品质好，消费者可通过二维码追溯质量，所以卖得特别火。"合作社负责人表示。

中国（海南）国际热带农产品冬季交易会期间，海南举行网络冬交会，开通"淘宝网·特色中国海南馆"，建设常态性的网络促销平台。互联网促销成为该届冬交会的最大亮点。

思考：在本案例中，网络促销的方式有哪些？您还有更好的推广建议吗？

知识链接 ▶▶▶▶

网络促销及其种类

1. 网络促销

网络促销是指利用计算机及网络技术向虚拟市场传递有关商品和劳务的信息，以引发消费者需求，唤起购买欲望和促成购买行为的各种活动。在适当时候利用网络促销，可以更好地促进转化销售，更好地为销售服务。

2. 网络促销的种类

（1）打折促销。打折促销是最常见的网络促销了，采取这种促销形式要求所销售的产品必须有价格优势，这样才容易打折，或是有比较好的进货渠道。

（2）赠品促销。在客户购买产品或服务时，可以赠送客户一些小礼品，以带动主产品的销售。赠品的选择至关重要，要选一些有特色、客户感兴趣的产品。

（3）积分促销。许多网站都支持虚拟积分；对于不支持的网站，可以采用积分卡。客户每消费一次，都会累积一定的积分，这些积分可以兑换小赠品或在以后的消费中当成现金使用。

（4）抽奖促销。抽奖促销也是网络促销常用的方法之一，抽奖时要注意公开、公正、公平，奖品要对大家有吸引力，这样才会有更多的用户对促销活动感兴趣。

（5）联合促销。如果两家网站或网店产品具有一定的互补性，可以联合促销，对扩大双方的网络销售份额都有好处。

（6）节日促销。在节日期间进行网络促销，也是常用的方法。节日促销活动应注意与促销的节日关联，这样才可以更好地吸引用户的关注，提高转化率。

（7）纪念日促销。如果遇到建站周年、访问量获得较大突破、用户数量或成交额达到新高，可以利用这些纪念日开展网络促销。

（8）优惠券促销。在用户购买时，每消费一定数额或次数，向用户提供优惠券，会促使用户再次来店消费，从而实现网络促销的目的。

（9）限时限量促销。限时限量促销是一种曾经在大型超市中广泛使用的促销方式，如今在网络促销中也得到了广泛应用。这种促销方式能够创造紧迫感，促使消费者迅速做出购买决策。与超市相比，网络促销在实施限时限量促销时不会引发踩踏等安全问题。

（10）反促销促销。反促销促销是一种独特的促销策略，即声明自己的网站或网店商品质量上乘，从不进行折扣促销。这种策略通常适用于具有一定实力的网店，它们以不促销作为促销的卖点，以此吸引那些注重商品质量的消费者。

想一想

您了解的网络推广与网络促销策略中，哪些是免费的？免费的网络营销策略如何应用比较合适？

活动评价

评价项目	自我评价		教师评价	
	小结	评分	点评	评分
1. 能说出网络营销推广的几种方式（50分）				
2. 能说出网络促销的种类（50分）				
合　计				

活动二　微博营销

活动描述

小张了解到，在网络营销时代，有一种备受推崇的营销方式——微博营销，他还没有掌握。于是，小张决定认真学习和了解微博的功能和使用技巧。

活动实施

第一步：通过各种渠道，了解微博营销

微博凭借其巨大的商业价值属性成为企业重要的网络营销工具，微博营销有哪些技巧呢？带着疑问，小张开始了微博营销的学习之旅。

知识链接 ▶▶▶

微博的介绍

1. 微博的定义

微博是微型博客（Micro Blog）的简称，即一句话博客，是一个基于用户关系信息分享、传播及获取的平台。用户可以通过Web、Wep等各种客户端组建个人社区，以140字的文字更新信息，并实现即时分享。常用的微博有新浪微博（见图4-17）、腾讯微博（见图4-18）等。

图4-17　新浪微博　　　　　　　　图4-18　腾讯微博

2014年3月27日，新浪微博宣布改名为"微博"，并推出了新的标识，新浪色彩逐步淡化。若没有特别说明，"微博"就是指新浪微博。2020年9月28日，腾讯微博停止服务和运营。

截至2024年11月，微博的月活跃用户达到5.83亿，日活跃用户为2.56亿。这些数据展示了微博在社交媒体中的广泛影响力和用户基础。

2．微博的特点

（1）便捷性。

（2）互动性。

（3）原创性。

（4）新闻性。

（5）用户群体广泛性。

3．微博营销的特点

（1）多媒体展示。微博利用多元化的媒体技术，如文字、图片及视频等，生动直观地展现产品信息，使潜在消费者能够更直观、迅速地理解并接受宣传内容。

（2）快速传播。微博的一大显著优势在于其传播速度极快。一条热门微博在各大互联网平台上发布后，能在极短时间内通过大量转发，迅速覆盖微博的整个用户群体。

（3）操作简便。相较于传统推广方式，微博营销省去了烦琐的审批流程，极大地节省了时间和成本。

（4）广泛覆盖。微博信息通过粉丝的病毒式传播，加上名人效应，能够实现信息的几何级增长，覆盖更广泛的受众。

（5）高效互动。微博平台能够迅速回应企业产品的常见问题，有效提升客户服务效率，快速建立企业与消费者之间的沟通桥梁。

4．微博营销的关键

（1）积累人气。对于缺乏人气、知名度和影响力的企业而言，微博营销可能难以取得理想效果。因此，积累足够的人气是微博营销的首要任务。

（2）避免广告化。微博不应被视为广告发布平台。仅仅通过吸引"粉丝"来发布广告是极其错误的做法，这只会浪费时间和资源。

（3）内容创新。微博营销的核心在于通过语言、文字与用户建立互动，达到营销目的。因此，内容应富有情感，充满激情，为用户提供有价值、有趣的信息。

（4）尊重用户。在微博上，应避免与用户发生争执。除非企业不介意损害自身品牌形象，否则应保持冷静和理性。

（5）双向互动。微博营销不是单向的信息发布，而是需要与用户进行双向互动。通过与用户持续交流，建立信任与好感，吸引用户参与企业活动，并提供有价值的反馈和建议。

（6）全员参与。如果团队或公司员工众多，应鼓励全员开通微博，分享公司生活、工作和文化，向公众展示一个真实、温暖、充满活力的企业形象。

想一想

您是否拥有微博账号？请想一想应如何注册微博账号，并利用微博开展个人营销。

知识加油站

雕爷牛腩：全北京撞星概率最高的餐厅

"雕爷牛腩"这个曾经在中国餐饮界引起广泛关注的品牌，以其创新的"轻奢餐"概念和微博营销策略一度成为京城美食界的热门话题。在开业前，雕爷牛腩通过微博进行了为期半年的"封测"活动，邀请了众多美食达人和影视明星前来试菜，这一策略不仅提升了品牌的高端形象，也成功吸引了大量明星和消费者的目光。一时间，圈内很多明星都以能够获得"雕爷牛腩"的封测邀请码为荣。雕爷牛腩微博首页见图4-19。

图4-19 雕爷牛腩微博

通过这种方式，雕爷牛腩在微博上积累了超高人气，并准确把握了明星效应，使得餐厅迅速成为北京城内备受追捧的餐饮热点。微博上甚至流传着一种说法，称雕爷牛腩是北京偶遇明星概率最高的餐厅之一，这无疑进一步提升了雕爷牛腩的品牌知名度。

在品牌推广的过程中，雕爷牛腩充分利用了微博这一平台，通过封测活动成功树立了品牌的可信度。

随着时间推移和市场变化，雕爷牛腩品牌被出售，象征着其现象级网红餐厅时代的结束。尽管雕爷牛腩已退出市场，其营销和品牌策略仍具学习价值。

膜法世家：不能让错误出现第二次

任何企业都应高度重视微博平台，它在营销活动中扮演着多重角色，包括信息发布、反馈收集、新用户吸引、促销活动开展、售后服务提供及危机监测等，且成本低廉、操作便捷。我们不仅要充分利用微博，更要精通其营销技巧，这样才能真正掌握微博营销的精髓。

膜法世家是淘宝网上的一家五皇冠店铺，以20万笔交易零差评的佳绩在淘宝平台上声名远扬。自启动微博营销以来，膜法世家将其视为与用户互动的优质平台。他们组建了一个由7人构成的微博管理团队，并设立了一个包括全体员工的QQ群。通过这个QQ群，每位员工都能实时了解微博上的动态，从中汲取经验，学会如何与用户进行深入的交流。

某日午后，膜法世家的QQ群里，一位微博管理员分享了一张截图，上面是一位顾客在微博上发布的负面评论。管理员随即要求相关人员迅速做出回应。顾客在14:27提出了批评，而监管员在21分钟后的14:48便发现了这条信息，并立即与顾客沟通，同时向当班客服了解情况。31分钟后，顾客对膜法世家的处理态度表示满意，称赞了客服后续的服务。

然而，事情并未就此结束。当晚，在膜法世家的QQ群里，主管与团队继续就此事展开讨论。主管对当班客服及其师傅提出了批评，并探讨了在新一轮培训中如何纠正此类错误，确保不再发生。

膜法世家对于微博上出现的客户负面评论，展现出了极高程度的重视。从顾客14:27发出微博，到14:48监管员与客户对话，再到14:50客服处理完毕，以及14:58客户发出鼓励的话语，整个过程迅速而高效。而在当天晚上，主管与团队又在QQ群里对此事进行了复盘，安排了后续工作。

膜法世家在微博平台上展现出了其他企业难以企及的对话准备：首先，30名员工中有7人专门负责微博管理；其次，像客服值班一样，微博上也设有专门的监管员；再次，利用QQ群加速内部沟通与统一认识；最后，坚持问题不过夜，当晚就进行总结。

想一想

除了雕爷牛腩、膜法世家，还有哪些知名企业利用微博开展营销？

第二步：以微博为例，申请微博账号

小张在尝试注册一个属于自己的微博账号。

（1）登录新浪官方网站，单击"微博"，见图4-20。

图4-20　新浪主页

（2）进入微博首页后，单击"注册"，见图4-21。

图4-21　微博首页

（3）有两种注册形式，一种是个人注册，另一种是官方注册，这里我们选择个人注册。输入手机号码、生日和激活码，单击"立即注册"，见图4-22。

图4-22 注册形式

（4）注册成功，完善资料。

（5）选择感兴趣的微博博主（系统自动推荐，可选可不选），单击"进入微博"，微博会给您发送您感兴趣的事件。

第三步：使用微博，提升微博关注度的技巧

 **知识加油站**

特仑苏：公关代理，收集民调，提升体验

特仑苏在微博开设了官方账号（见图4-23）。与有些企业是由内部员工（通常来自市场部门）进行维护不同，特仑苏官方微博的运营，由公关公司Bossepr来代理，而具体的日常工作，则只需一人负责。

图4-23 特仑苏官方微博

发布微博的内容分类：

内容一：转发或评论与品牌相关话题。与品牌直接相关的，通常是包含品牌关键字的微博信息。

内容二：转发或评论与品牌无关话题。与品牌并不直接相关，多为当前社会热点。

内容三：有奖互动活动。特点是有一定的趣味性，可参与，有奖品。

内容四：发布相关线下活动。与品牌直接相关的线下活动信息，通常包含品牌关键字。

内容五：对话。主要是通过转发或回复，主动接触提及特仑苏的微博用户，并产生进一步对话的可能。

内容六：无关主题。与品牌不直接相关的信息，不排除某些看似无关的内容，其实是有意针对目标受众喜好而设计的。

由发布微博的内容效果分析可知，有奖活动是效果最好的营销手段，见图4-24。

类别	数量	转发总量	平均每条转发	评论总量	平均每条评论
转发或评论与品牌相关话题	22	313	14	220	10
转发或评论与品牌无关话题	8	15	2	7	1
有奖互动活动	9	1 812	201	1 659	184
发布相关线下活动	7	17	2	10	1
对话	24	55	2	29	1
无关主题	5	118	24	110	22
综合	75	2 330	31	2 035	27

图4-24　微博的内容效果分析

💡 **想一想**

> 除了上述有奖活动、发布相关线下活动等，还有哪些微博营销手段？

1. 设计内容

微博的核心还是内容。内容的定位与质量决定了用户群的类型与规模。

2. 更新微博内容

微博需要勤更新，如果更新速度慢，关注度就会降低。在微博上非常积极地发布内容，将吸引更多的用户关注。

3. 利用标签功能

通过微博的标签功能，我们可以设置10个符合自己特征的标签，如站长、编辑等。设置合适的标签会极大地提升曝光率，那些对相关标签感兴趣的人，就有可能主动成为您的粉丝。

4. 主动关注

主动出击，主动关注别人，也是一种很直接的方法。如果我们的目的是销售产品，那我们可以进行一些精准的关注。

如果只是想增加海量粉丝，只要找到那些粉丝多、活跃度高的用户，主动关注他们，然后等着他们回关就可以了。

5. 参与热门话题

微博中有一个话题功能，如果我们在发布内容时添加一些人们感兴趣的话题，则可以极大地提升曝光率和被关注的概率。

6. 引发争议

如果我们能够发现一些有争议的内容，引发别人的关注与转发，也可以达到大量曝光和增加粉丝的目的。

7. 做活动

做活动是一个非常传统但实用的方法。能够增加粉丝量的活动主要有以下三种：

（1）抢楼活动。活动发起方发出一条活动博文，要求用户按一定格式回复和转发，通常要求至少回复3个人，并进行评论。当用户回复的楼层正好是规则中规定的获奖楼层时（如100楼、200楼），即可获得相应奖品。

（2）转发抽奖。活动发起方发出一条活动博文，要求用户按一定格式回复和转发，通常要求至少转发3个人，并进行评论。最后在参与活动的用户中，随机抽出一部分幸运者发放奖品。

（3）转发资源。活动发起方发出一条活动博文，要求用户按一定格式回复和转发，通常要求至少转发3个人，并留下邮箱。凡是转发者，邮箱都会收到一份精选资源，如各种工具、优惠券等。

8．利用QQ群

现在网络上有很多微博交流群，通过QQ群来增加粉丝，也是个不错的选择。

9．积极评论

我们可以对那些粉丝多的博主发布的博文进行评论，且要尽量挑那些最新发布并且还没有人评论的博文进行评论。评论越有特色，越能引发别人的共鸣。这样，当博主对我们的评论进行回应时，无形中就为我们做了推广。

10．给别人发邮件

发布内容时，可以多给那些与内容相关且粉丝多的博主发邮件，主动邀请他们帮助转发。

11．巧用插件

微博的第三方插件越来越多，其中有一些插件可以帮助我们增加粉丝，如好友管理工具等。

12．借助辅助软件

除了微博插件外，网络上还出现了许多第三方软件，如互粉工具、互听工具。

🕐 **知识加油站** ▶▶▶

黄太吉煎饼铺：微博营销打造传统小吃新风尚

位于北京建外SOHO西区10号楼的黄太吉煎饼铺，以传统小吃煎饼、豆腐脑等为主打产品，精准定位附近商圈的白领群体。这家仅有20平方米的店铺外，常常排起长队，煎饼果子从早卖至凌晨，年营业额高达500万元，甚至被风险投资估价至4 000万元人民币。

黄太吉的知名度不仅源于其美味的煎饼，还得益于广泛的口碑传播。许多顾客是通过朋友推荐、微博分享或媒体报道得知这家煎饼铺的，并出于好奇前来品尝。从微博营销的角度剖析其成功之道，关键在于积极互动与挖掘趣事。

黄太吉的创始人深谙社会化网络营销之道，尤其是微博营销。黄太吉传统美食的微博（见图4-25）粉丝已超过12万。该官方微博频繁与顾客互动，这些互动大多由黄太吉创始人亲自参与，他还会将有趣的互动内容发布为博文，与顾客建立起深厚的情感联系。

图4-25 黄太吉传统美食微博

此外，黄太吉在节日期间推出的各种创意活动也极大增强了与消费者的互动。例如，儿童节时店员扮演蜘蛛侠或超人送餐，端午节时推出"端午节不啃不快乐"的猪蹄广告等，这些创意十足的活动不仅吸引了顾客的眼球，还成为微博用户分享的新奇"素材"，使得吃煎饼果子、啃猪蹄成为一种时尚潮流。

黄太吉曾凭借其创新的营销策略和互联网思维在餐饮界迅速崛起。然而，随着时间的流逝，黄太吉的品牌影响力逐渐减弱。尽管如此，其微博营销经验对于当今企业而言，依然具有重要的参考价值。

想一想

微博营销要想取得最佳效果应该怎么做比较好？（提示：微博营销要想提高营销效果，必须和论坛、视频推广等其他手段相结合。）

做一做

任务要求：

（1）注册微博账号。登录微博平台，每个小组成员注册一个微博账号。

（2）以小组为单位，小组成员互相关注，并设计两到三篇微博。

（3）了解增加微博粉丝的技巧，以小组为单位统计每个小组的粉丝数量，进行对比。

成果要求：

（1）提交本小组成员注册的微博账号信息表。

（2）展示微博内容。

（3）对比小组微博关注情况。

活动评价

评价项目	自我评价		教师评价	
	小结	评分	点评	评分
1. 能说出微博营销的含义（50分）				
2. 能运用网络营销工具——微博开展网络营销（50分）				
合　计				

活动三　微信营销

活动描述

小张对网络推广方式有了一定的认知和了解，并基本掌握了微博营销的相关技巧。同时，小张了解到，还有一种人气爆棚的营销方式——微信营销，他还没有掌握。于是，小张决定认真学习和了解微信的功能和使用技巧。

活动实施

小张准备通过亲身实践和网络学习，深入了解微信的主要功能——公众平台、朋友圈、扫一扫、看一看、附近的人、小程序等，为未来利用微信开展营销活动做好准备。

第一步：通过各种渠道，了解微信营销

知识加油站

微信公众平台

2013年10月29日，微信公众平台迎来了重大改版并正式上线公测，此次改版不仅引入了全新的认证体系，还针对服务号增设了丰富的开发接口。这对于微信运营者而言无疑是个好消息，然而对于众

多中小企业主来说，实际操作这些复杂细节却是一项颇为耗时费力的任务，稍有不慎便可能陷入困境。要想真正玩转微信营销，还需依赖专业的运营团队。

与微博营销相比，微信公众号营销的方式有着显著的不同。微博营销往往需要大量的信息来吸引和取悦不同口味的用户，而微信公众号的内容则更加精准且持久。在微信公众号中，无须先通过大量的笑话或互动来拉近与粉丝的距离，再向他推销产品。相反，只需要直接、明确地告诉粉丝你能为他们提供什么，确保每一条内容都包含尽可能多的有用信息。

例如，"招商银行信用卡"的微信公众号（见图4-26）就是一个很好的例子。它直接向粉丝展示了大量的优惠信息，如可以享受优惠的餐饮品牌及门店，每个品牌下都有多家门店提供五折优惠，这无疑对美食爱好者具有极大的吸引力。如果用户不是美食爱好者也没关系，还有五折K歌、积分免费换电影等多种优惠可供选择。如果用户对这些都不感兴趣，那么分期购车、购手机等零利息、零手续费的优惠总有一款能打动用户。这么多的优惠信息，总有一项能满足用户的需求。

图4-26　"招商银行信用卡"的微信公众号

想一想

您了解微信吗？知道什么是微信公众平台吗？

知识链接 ▶▶▶

1. 微信的定义

微信（WeChat）是腾讯公司于2011年年初推出的一款快速发送文字和照片、支持多人语音对讲的手机聊天软件。用户可以通过手机或平板电脑快速发送语音、视频、图片和文字。微信提供公众平台、朋友圈、消息推送等功能，用户可以通过"看一看""搜一搜""附近的人""扫一扫"等方式添加好友和关注公众平台，同时微信还有将内容分享给好友及分享到朋友圈的功能。

2. 微信营销

微信营销是网络经济时代企业营销模式的一种创新，是伴随着微信的火热而兴起的一种网络营销方式。微信不存在空间的限制，用户注册微信后，可与周围同样注册的"朋友"形成一种联系，用户

订阅自己所需的信息，商家通过提供用户需要的信息推广自己的产品，从而实现点对点的营销。

3. 微信营销的特点

1）实时推送。

2）一对一营销。

3）信息100%到达。

4）形式多种多样。

5）低成本。

4. 微信营销的方式

1）朋友圈营销。

2）二维码营销。

3）微信公众平台营销。

4）开通微信VIP用户。

5）"附近的人"推广。

6）微信红包。

第二步：申请微信，并使用微信的功能

小张尝试着注册了一个属于自己的微信账号，并学习微信公众平台的使用。

（1）微信注册，可以使用QQ号直接登录，也可以使用手机号码进行在线注册，两种方法都可以完成注册，非常方便，见图4-27。

（2）添加好友，登录微信账号后，进入如图4-28所示界面。点击"通讯录"，匹配您的通讯录，您可以找到更多使用微信的朋友。

图4-27　手机号码申请微信　　　　　　　　　图4-28　添加好友

（3）二维码的使用。登录微信，找到自己的二维码名片。将二维码图案置于取景框内，微信会帮您找到企业的二维码，然后您将可以获得成员折扣和商家优惠，见图4-29。

（4）微信公众平台的使用。

1）微信公众平台，见图4-30。

图4-29 二维码扫描

图4-30 微信公众平台

2）注册邮箱。未注册过微信公众号，未绑定过个人微信号，见图4-31。

图4-31 注册邮箱

3）根据需求选择账号类型（目前一经选择，无法变更）。根据需要选择好账号类型（以订阅号为例），选择主体类型以个人为例，见图4-32。

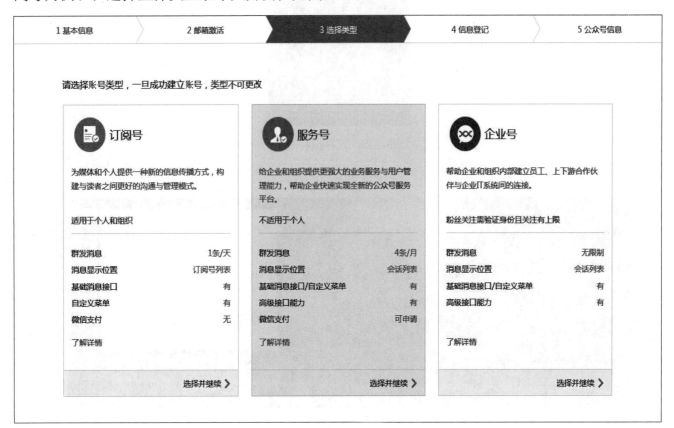

图4-32　选择账号类型

4）后台管理。

① 图4-33为用户管理界面，主要是对已关注此公众号平台账号的用户进行简单的管理，提供新建分组，将用户划分到指定组。

图4-33　用户管理界面

② 群发信息。对一组用户进行对应性推送消息，支持分组和性别的筛选，支持多种内容模型的推送，见图4-34。

图4-34 群发信息

③ 预先编写好推送的消息，用来根据用户的特殊关键字进行智能回复，或者设定自动回复所需要的消息储备，见图4-35。

图4-35 设定自动回复

智能回复设置包括以下三种：

A. 被添加自动回复。当用户关注您的时候，会自动发送一条问候消息。

B. 消息自动回复。当用户向您发送消息的时候，会自动回复，相当于机器人回复。

C. 关键词自动回复。通过建立一些关键词作为预设好的储备，匹配用户发来的消息关键字，然后智能地回复预设好的储备消息。

知识加油站

豆荚农庄

"豆荚农庄"是因几位母亲想要为自己的孩子营造一个放心、安全的饮食环境而得来的，它致力于创建安心的饮食氛围，倡导健康的生活方式。

"豆荚农庄"的发展历程，见图4-36。

| 寻找远离污染的土地 | 确立安全的种植方法 | 兼顾果蔬的质量和营养搭配 | 存储与配送的技术 | 建立微信公众平台 |

图4-36 "豆荚农庄"的发展历程

"豆荚农庄"为了与更多人分享和宣传绿色健康理念，借助微信公众平台和粉丝开展了许多互动活动，将线上线下打通，引导用户参与，图4-37为"豆荚农庄"的微信二维码。

用户点击"我的豆荚"可以看到"我的订单""我的配送单""我的小吃库""我的资料"等；点击"豆荚商城"可以浏览各式各样的商品，并进行购买；点击"最新折扣"可以了解当天的优惠折扣情况，见图4-38。

图4-37 "豆荚农庄"的微信二维码

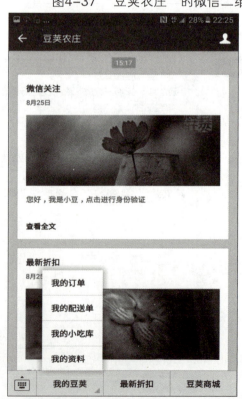

图4-38 "豆荚农庄"的"豆荚商城"

"豆荚农庄"以微信为平台，通过各种线上线下的活动，既扩大了宣传力度，又吸引了用户的购买，一举两得。

💡**想一想**

"豆荚农庄"微信的推广借助了微信营销的哪些方法？

第三步：使用微信，学习微信营销的技巧

 知识加油站

微信营销的技巧

1. 吸引用户的内容

微信内容的定位应该结合企业自身的特点，并从用户的角度着想，而不是一味地推送企业的内容。记住微信不是为企业服务的，而是为用户服务的，只有给用户想要的，他们才会更加忠实于企业，和企业成为朋友，接下来的销售才会理所当然。

对于微信的内容，有一个"1+X"模型，"1"是指最能体现账号核心价值的内容。"X"则代表了内容的多样性，迎合和满足用户的需求，增强内容的吸引力。

2. 用心的推送方式

绝大多数的微信公众账号每天都有一次群发消息的功能，其实这个频率已经很高了。现在每个用户都会订阅几个账号，推送的信息一多，根本看不过来。

推送频次最好一周不要超过5次，太多了会打扰到用户，最坏的后果可能就是用户取消对您的关注。当然，太少就不能引起用户的注意，所以一定得把握好度。

3. 具有亮点的用户对话

如今的人们都追求个性化，微信回复顺应了这个潮流，许多微信账号被"拟人化"，用户咨询问题时，得到的回复非常有特色。例如，三只松鼠亲切地称呼粉丝为"主人"，以及艺龙旅行网"小艺"的自称。

4. 具有创意的微信活动

微信营销比较常见的是以活动的方式吸引目标消费者参与，从而达到预期的推广目的。能否根据自身情况策划一场成功的活动，前提在于企业愿不愿意为此投入一定的经费。当然，餐饮类企业借助线下店面的平台优势开展活动，所需的广告成本和人力成本相对来说并没有达到不可接受的地步；相反，有了缜密的计划和预算之后，完全可以以小成本打造一场效果显著的活动。

5. 实用的宣传技巧

1）"病毒式"口碑营销技巧。

2）"意见领袖型"营销技巧。

3）"视频、图片"营销技巧。

🔍 **搜一搜**

搜索您感兴趣的公众号，接收对方的推送信息，将这些信息与同学分享，在分享的过程中增加个人的被关注度。

做一做

任务要求：

1) 了解什么是微信，以小组为单位完成公众号的注册，掌握微信其他功能的使用。

2) 建立小组微信朋友圈，向小组成员发送信息。

3) 了解增加微信关注的技巧，以小组为单位统计每个小组的关注人数，进行对比。

成果要求：

1) 本小组成员注册的微信账号表。

2) 朋友圈发送的信息。

3) 小组微信公众平台关注度情况对比。

活动评价

评价项目	自我评价		教师评价	
	小结	评分	点评	评分
1. 能说出微信营销的定义及特点（30分）				
2. 能说出微信营销的方式有哪些（35分）				
3. 能利用网络营销工具——微信开展网络营销（35分）				
合　　计				

项目总结

通过本项目的学习，学生应了解网络营销岗位的用人要求，对网络营销的概念有清晰的认识，能根据网络市场调研的知识，选择合理的网络调研工具展开调研，并能撰写调研报告。此外，还应了解网络推广的方式及网络促销的种类，重点掌握微博营销的概念，获取微博营销技巧，并理解微信营销的概念，掌握微信的使用方法及其功能，能够借助微信公众号展开线上营销活动，培养对网络营销的感性认识与基础意识，为后续学习做铺垫。

项目练习

一、填空题

1. 网络营销（On-line Marketing/Cyber Marketing）的全称是网络直复营销，属于直复营销的一种形式，是企业以_____为基础，以_____为媒介和手段而进行的各种营销活动（包括网络促销、网络分销、网络服务等）的总称。

2. 网络推广广义上讲是企业或者个人通过_____进行的营销活动，旨在利用网络让更多的人了解产品，从而使产品在网络上获得订单。

3. 微博是微型博客（Micro Blog）的简称，即一句话博客，是一个基于_____、_____及_____的平台。用户可以通过Web、Wep等各种客户端组建个人社区，以140字的文字更新信息，并实现即时分享。

4. 微博的特点有便捷性、互动性、＿＿＿＿＿＿＿＿＿、＿＿＿＿＿＿＿＿＿、＿＿＿＿＿＿＿＿＿。

5. 微信营销是网络经济时代企业营销模式的一种创新，是伴随着微信的火热而兴起的一种网络营销方式。微信不存在空间的限制，用户注册微信后，可与周围同样注册微信的"朋友"形成一种联系，用户订阅自己所需的信息，商家通过＿＿＿＿＿＿＿＿＿推广自己的产品，从而实现＿＿＿＿＿＿＿＿＿的营销。

6. 微信营销的特点有实时推送、＿＿＿＿＿＿＿＿、＿＿＿＿＿＿＿＿、＿＿＿＿＿＿＿＿及低成本。

二、实践题

列表比较微信营销、微博营销的优势与不足，并谈谈您对企业微信营销和微博营销的建议，完成表4-6。

表4-6　微信营销和微博营销对比

对比项目	营销方式	
	微信营销	微博营销
优势		
不足		
建议		

项目四
网络营销

项目五

客户服务

项目简介

本项目中，我们将从客服岗位认知着手，理解客服的定义、分类与作用，了解客服的工作职责和岗位要求；了解产品知识和规则，会使用即时通信工具来实现与客户的接待沟通；懂得售前接待流程与沟通技巧，能灵活处理售后问题，做好售后维护工作。

项目目标

📖 知识目标

- 理解客服岗位的定义、分类和作用。
- 了解网店客服的岗位要求。
- 掌握客服即时通信工具的使用方法与功能特点。
- 熟悉客服接待的基本流程、规范及常用技巧。

🎯 能力目标

- 能够熟练操作客服即时通信工具，高效处理客户咨询与问题。
- 能够熟练运用客服接待技巧进行有效沟通，提升客户满意度。

📚 素养目标

- 树立以客户为中心的服务理念，提升客户服务意识。
- 在日常工作中积极践行良好的客户服务态度，展现专业素养。

任务一

客服岗位介绍

任务介绍

在这一任务中，我们将通过客服的岗位介绍，使同学们对客服（网店客服）有基本的认知。通过活动一"岗位认知"，学生应理解客服的定义、分类和作用，以及客服的工作职责和要求；通过活动二"岗前准备"，学生们应熟悉产品和规则，做好售前的知识储备工作，并能熟练应用即时通信工具。

活动一 岗位认知

活动描述

MNFG品牌女装以棉、麻面料为主，目标客户群为25～40岁的知识女性。该品牌在网上开设有网店，销售额稳步增长。"双十一"就快到了，由于客户在线咨询量急剧上升，公司决定和邻近的学校合作，招聘一批学生过来担任兼职客服。周小眉是中职一年级的学生，由于打字速度较快，有幸成为兼职客服中的一员。

活动实施

第一步：了解网店客服的概念、分类和作用

公司集中对同学们进行为期三天的培训。周小眉怀着紧张又兴奋的心情，开始了客服培训之旅，让我们和她一起揭开客服的神秘面纱。

💡 想一想

请同学们思考，客服的工作内容是什么？作用又是什么？

📖 知识链接 ▶▶▶

1. 什么是客服

客服，即客户服务（Customer Service），是一个广泛的术语，它描述了在售前、售中以及售后为客户提供服务的行为和过程。客服的目标是通过提供高质量的服务来增强客户满意度，并促进企业的长期发展。

网店客服是电子商务领域中的一个关键角色，通过网店与客户进行沟通和交流，解答客户的疑问，处理客户的订单，提供售后服务等。

2. 网店客服的分类

网店客服根据其工作职责和流程的不同，可以分为售前客服、售中客服、售后客服，见图5-1。

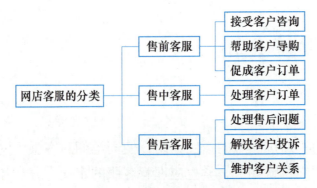

图5-1　网店客服的分类

💡 **做一做**

根据客服的分类，请完成以下多选题。

售前客服具体工作内容包括（　　　　），售后客服具体工作内容包括（　　　　）。

A. 产品升级　　B. 订单确认　　C. 产品介绍　　D. 纠纷处理

E. 产品推荐　　F. 投诉处理　　G. 促成交易　　H. 退换货处理

I. 产品答疑　　J. 中差评处理　　K. 关系维护

网店客服的作用见图5-2。

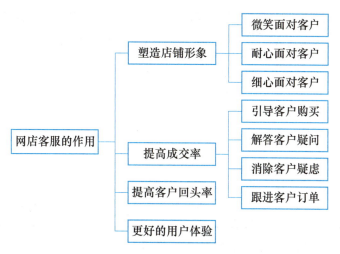

图5-2　网店客服的作用

1. 塑造店铺形象

对于一家网店而言，客户看到的商品都是一张张的图片和文字描述，既看不到商家本人，也看不到产品本身，因此往往会产生距离感和怀疑感。这时候，客服就显得尤为重要了。客户购物最先接触的人是客服，客服的一言一行都代表着网店的形象，客户通过与客服的交流，可以逐步了解商家的服务和态度，从而逐步形成对店铺的良好印象。

2. 提高成交率

通过客服良好的引导与服务，客户可以更加顺利地完成订单。网店客服有个很重要的作用就是可以提高订单的成交率。

3. 提高客户回头率

当买家在客服的良好服务下，完成了一次良好的交易后，需要再次购买同样商品的时候，就会倾向于选择他们所熟悉和了解的卖家，从而提高客户回头率。

4. 更好的用户体验

网店客服扮演着很重要的角色，就是可以成为用户在网上购物过程中的"保险丝"，用户在线上购物出现疑惑和问题的时候，客服可以给用户带来更好的整体体验。

💡 **做一做**

客服体验

用自己的账户登录淘宝、天猫、京东等网上购物平台，随意访问一家网上店铺，挑选一件自己感兴趣的商品，浏览商品后，向在线客服咨询问题。问题可随意，在咨询过程中，若遇到问题可以询问同学或老师。待学生完成对话后，以小组为单位填写客户体验汇报表，教师通过对报告的收集评审学生完成作业情况。

（1）学生以客户的身份登录网店与客服沟通，收集沟通资料并填写表5-1。

表5-1　客服沟通资料表

任务名称	客户体验实训	完成形式	个人独立完成	
咨询问题	客服回答	响应时间	满意程度	修改意见及说明
体验心得				
本主题学习成绩等级				
自我评价	（30%）	小组长评价	（30%）	教师评价 （40%）

（2）通过客服体验，你认为一名好的客服是怎样的？

🕐 **知识加油站** ▶▶▶▶

金牌客服是怎么炼成的

23岁的小张在MNFG当客服已经有两年了。短短两年的时间，她已经从一个普通的小客服做到了金牌客服，现在是客服组长。而她的工资也从三四千元涨到了七八千元，在销售旺季月入过万元也很正常。

小张中专毕业后就出来工作，其间陆续换了几份工作，目前这份网店客服的工作是她最喜欢也最满意的。因为网店客服不用忍受日晒雨淋，不用天天站着，更不用费尽口舌劝说客户，"聊天就是工作，工作就是聊天"。

要成为金牌客服，要有快速的在线回复能力。在客户购物的高峰时段，要同时应付四五十个客户的在线咨询。如何缩短响应时间？除了打字速度要快以外，还要把常用语输入快捷键中，一有客户咨询，一按键就可发出。有时遇到客户因为等久了没回复而发脾气，不断催促，这时要有耐心，安抚好客户情绪，站在客户的立场取得客户的理解。

要成为金牌客服，还要树立销售意识。客服的本职工作就是销售，店铺图片的处理，文字描述的编辑，以及店铺活动的推广，一切的一切都是为了促进产品的销售。而客服的作用就是最后的临门一脚，要千方百计地促成订单的完成。

要成为金牌客服，必须能吃苦耐劳。目前的网店客服工作时间长，工作强度也大，内容比较枯燥。每天应对各种各样的客户，还要面对客户的挑剔、抱怨、投诉等，必须有强大的心理承受能力。

目前，网店客服的工资一般是底薪加提成，提成根据业绩而定。大部分网店客服每月工资在五六千元，而部分金牌客服工资能过万元。

💡 **想一想**

请同学们思考，要成为一名金牌客服，应该具备什么特质？

第二步：了解客服的用人要求，做好职业规划准备

通过初步了解，周小眉明白了原来网店客服就是客户与网店之间沟通的桥梁，她对这个岗位逐渐产生了兴趣。如果要成为一名合格的客服，需要具备什么条件呢？

💡 **做一做**

请登录招聘网站，如智联招聘网（http://www.zhaopin.com）、前程无忧网（http://www.51job.com）、中华英才网（http://www.chinahr.com）等网站，搜索"网店客服"的职位信息，查看岗位职责和任职要求。通过设置高级搜索功能，任选一工作地点，对月薪和工作经验进行筛选（见图5-3和图5-4），然后进行归纳总结，完成表5-2和表5-3。

图5-3　按月薪范围选择

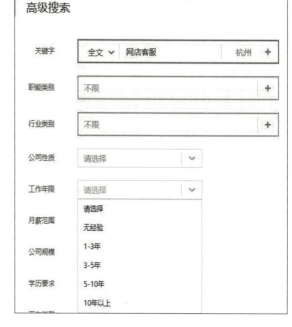

图5-4　按工作经验选择

表5-2　薪水差异网店客服招聘对比

招聘职位			
月薪范围	4 000元以下	4 000～6 000元	6 000～8 000元
职位描述			
任职条件			

表5-3　工作经验差异网店客服招聘对比

招聘职位			
工作经验	无经验	1～3年	5年以上
职位描述			
任职条件			

网店客服在客户与网店之间扮演着重要的角色，要成为一个合格的网店客服，需要满足以下要求，见图5-5。

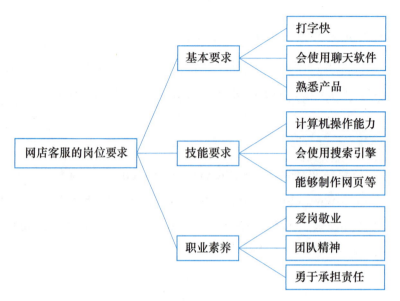

图5-5　网店客服的岗位要求

1. 基本要求

（1）掌握基本的输入方式，打字速度快，反应灵敏，能同时和多人聊天，对客户有耐心。

（2）通过聊天软件、电话等工具与客户沟通，接受客户的询价，为前来咨询的客户提供答疑服务。

（3）网店客服首先应该熟悉自己店铺的产品，以及产品的周边知识，即相当于店铺的导购员工作，做好客户询价答疑等工作，引导客户购买产品。

2. 技能要求

（1）客服一般不需要掌握太高深的计算机技能，但是需要对计算机有基本的认识，包括Windows系统的基本操作，熟悉Word和Excel等办公软件的使用。

（2）能够上网搜索并找到所需的资料信息，会发送电子邮件，会管理电子文本信息。

（3）优秀的客服除了需要具备以上技能外，还应该：①懂得图文编辑、网页制作。②能够帮助店主完成店铺的装修或者网店推广工作。③参与产品的设计。

3. 职业素养

网络客服人员应具备的职业素养主要包括以下三点：

（1）爱岗敬业。网络客服人员需要对自己的工作充满热情，全身心投入，不断提升自己的业务能力和服务水平，以确保能够高效、准确地为客户提供帮助。

（2）团队精神。网络客服人员需要具备良好的团队协作能力，与同事紧密配合，共同解决客户问题，提升客户满意度。

（3）勇于承担责任。在工作中，网络客服人员可能会遇到各种复杂或棘手的问题，但无论情况如何，他们都应该勇于承担自己的责任，积极寻找解决方案，而不是逃避或推诿。这种责任感将使他们更加值得信赖和尊重。

想一想

请同学们思考，作为一名客服，是不是打字速度越快，接待的客户人数越多，个人的业绩就越好呢？

时事看点

了解互联网营销师

自2020年以来，"直播带货"凭借其"无接触购物"的特点，成为各类企业新的发展机遇。2020年7月6日，人社部联合国家市场监管总局、国家统计局发布9个新职业，其中包括互联网营销师。

互联网营销师，是指在数字化信息平台上，运用网络的交互性与传播公信力，对企业产品进行多平台营销推广的人员。互联网营销师并不完全等同于大众所熟知的"带货主播"，这一职业已发展分化出包括选品员、直播销售员、视频创推员与平台管理员在内的四大职业工种。其中，选品员、直播销售员、视频创推员3个工种设5个等级，分别为：五级/初级工、四级/中级工、三级/高级工、二级/技师、一级/高级技师；平台管理员设3个等级，分别为：五级/初级工、四级/中级工、三级/高级。虽然各工种间的职业方向与职位功能存在很大差异，但他们彼此之间相辅相成，共同构成了互联网直播营销链条。人们熟知的主播在直播间的职位就属于直播销售员，有些主播在幕后也会参与选品、推广、管理等工作。

活动评价

评价项目	自我评价		教师评价	
	小结	评分	点评	评分
1. 能说出网店客服的定义（30分）				
2. 能说出网店客服的作用与意义（35分）				
3. 能列举网店客服的基本岗位要求（35分）				
合　计				

活动二　岗前准备

活动描述

周小眉对客服岗位有了一定的认知和了解。现在她已经迫不及待地想坐到计算机前，体验一下网店客服的工作。但在上岗前，还要做好一系列的准备工作。现在就让我们和周小眉一起，学习岗前的知识及在线工具的操作使用。

活动实施

第一步：熟悉产品和规则，做好售前知识储备

为了能快速高效地回答客户的问题，熟练掌握产品知识是必不可少的，而且回答固定问题还

要统一标准、规范，才能体现专业化服务。试想，如果连客服本身都不清楚企业的文化及产品知识，他们又如何能完成答疑的工作呢？

一、品牌价值

📖 **知识链接** ▶▶▶

品牌价值

　　品牌价值包括品牌定位、品牌概述、品牌概念、品牌风格、品牌文化、品牌使命及品牌愿景等。

首先要对网店客服进行品牌价值的培训，让大家对品牌定位、品牌风格、品牌文化等有个基本的认知，如MNFG的品牌介绍为：

MNFG服饰消费群体定位为25～40岁的知识女性，她们有较高的文化修养，追求流行事物，自信而坚强，高贵而优雅，善于发现美和享受美。该品牌服装以棉、麻、天然蚕丝面料为主，时尚舒适与高贵大方相结合，以高贵、精致、简约的设计风格为基调，充分运用简洁流畅的线条、天然朴素的材质、清新素雅的色调，配以女人味的设计元素，加以斜体裁剪，简约柔美。同时，MNFG与知名品牌面、辅料开发商合作定制特殊、特色、特属的高端材料。MNFG女装融入各种艺术元素，演绎女性之美：满足女性在上班、约会、派对、度假乃至运动等都市生活各个方面的着装需求。MNFG女装一向推崇年轻、个性、享受的品牌精神，将各类流行时尚艺术元素及音乐灵感融入时装、店铺、广告等各个环节，仿佛时尚与艺术的猎头，为都市生活带来优质的服饰和创新理念，让人们掌握并享受不停变幻的都市生活节奏，时刻演绎最真实的自己。

二、产品知识

1．产品的专业知识

📖 **知识链接** ▶▶▶

产品的专业知识

　　产品的专业知识包括产品的规格型号、功效功用、材质面料、配套产品、风格潮流和特性特点等。客服应当对产品的种类、材质、尺寸、功能、用途、适用的季节、保养方法及使用方法等都有所了解。最好还要了解行业的有关知识，产品的设计风格与特色，以及产品的包装、运输、品牌商标等。

产品专业知识常见问题举例如下。

问：请问这条裙子是真丝面料吗？要怎样清洗呢？

答：亲，这条裙子是100%真丝面料，质地舒适柔软，亲可放心购买。洗涤建议浸入冷水中5～10分钟，用专用的真丝洗涤剂轻轻地揉搓，再用清水漂洗几次，洗后不可用力拧绞，以免起皱。记住千万不能用洗衣机洗涤。

2．产品的周边知识

📋 **知识链接** ▶▶▶

产品的周边知识

产品的周边知识：不同的产品适合的人群也不同，如年龄、体型、穿着场合、南北方的气候差异等。客服需要对这些周边知识有个基本的了解，才能做出有针对性的商品推荐。

产品周边知识常见问题举例如下。

问：请问我高160厘米，重102斤，应该拍什么码？

答：亲，建议您拍M码。您也可以对照尺码表（见表5-4）或者客户的综合评价来购买。

表5-4 尺码对照表

身高（厘米）/胸围	体重（斤）	码数
155/80A	100以下	S
160/84A	101～110	M
165/88A	111～120	L
170/92A	121～130	XL
175/96A	131以上	2XL

三、促销活动和内容

店铺常见的促销活动包括包邮、满立减、满就送、优惠券等，见图5-6。客服必须明确促销活动的起始时间、条件和具体内容。

a）包邮

b）满立减

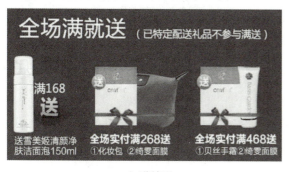

c）满就送

d）优惠券

图5-6 网店常见的促销活动

促销活动

（1）包邮。商品拍下后不用补邮费差价，即商家承担运费。

（2）满立减。顾名思义，满了立刻减，一般指购买商品满足多少数额、数量后，系统自动减价。

（3）满就送。顾名思义，满了就送，一般指购买商品满足多少数额、数量后赠送礼品、积分等。

（4）优惠券。给持券人某种特殊权利的优待券。按计价形式分为打折券和代金券。

1. 包邮活动

店铺包邮活动一般都不含我国港澳台和海外地区，并且只包普通快递。如果客户要指定快递，还要补相应差价。MNFG的快递模板见图5-7。

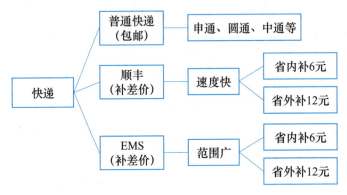

图5-7　MNFG快递模板

2. 满立减活动

满立减分为上有封顶和上不封顶，见图5-8。

图5-8　满立减活动优惠类型

如MNFG店铺满立减活动为满499元减50元，满699元减70元，满999元减100元，上有封顶和上不封顶优惠对比见表5-5。

表5-5　满立减活动对比

单笔订单	满减（上有封顶）	满减（上不封顶）
798元	默认最优惠档，满减70元	满减倍数最优惠档，70×1=70，满减70元
1 580元	默认最优惠档，满减100元	满减倍数最优惠档，70×2=140，满减140元

3. 满就送活动

满就送的礼品会随包裹一起发出。如MNFG单笔订单实付满599元即送棉麻方巾一条，满999元即送棉麻围巾一条（限量1 000条，送完即止）。

4. 优惠券使用规则

优惠券的使用要符合特定的条件，规则见图5-9。

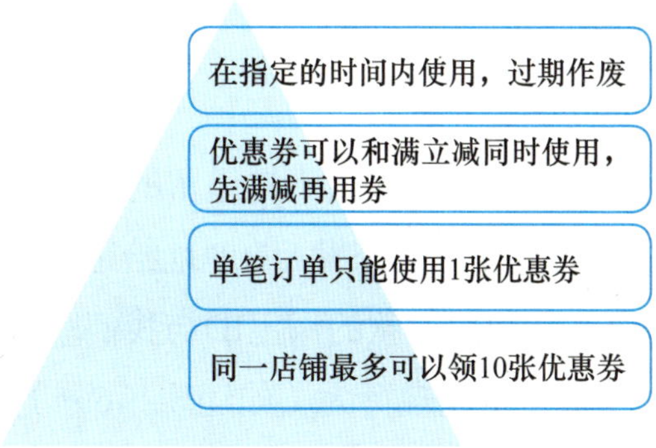

图5-9　优惠券使用规则

优惠券和满立减可以同时使用，先享受满减，满减优惠后如仍满足条件，可再使用优惠券。但是，如果消费者使用优惠券的优惠力度更大，则优先使用优惠券。如：

（1）商品金额100元，店铺满减优惠满100元减20元，店铺优惠券满80元减20元，则订单金额为100元-20元-20元=60元。

（2）商品金额100元，店铺满减优惠满100元减20元，店铺优惠券满100元减30元，则订单金额为100元-30元=70元（坚持最大让利消费者原则）。

> **试一试**　● ● ● ●
>
> MNFG"双十一"全场包邮，满减活动为满499元减50元，满699元减70元，满999元减100元，上不封顶。红包优惠券为10元（无门槛）、20元（满299元可用）、30元（满599元可用）、50元（满999元可用）。A客户购买单笔订单为638元，B客户为1 528元，请尝试计算他们各自最终实付的金额。

四、网店规则（以天猫为例）

为了维护和规范正常的经营秩序，客服还要熟悉天猫规则。表5-6为天猫违规分类，天猫对违规行为采取相应的扣分，再根据分值来进行相应的处罚，包括：支付违约金、店铺降权、店铺监管、店铺屏蔽甚至店铺关闭。

表5-6　天猫违规分类

一般违规	严重违规
发布禁售信息	不当注册
滥发信息	发布违禁信息
虚假交易	盗用他人账户
延迟发货	泄露他人信息
描述不符	骗取他人财物
违背承诺	出售假冒商品
竞拍不买	假冒材质成分
恶意骚扰	出售未经报关进口商品
滥用会员权利	扰乱市场秩序
未更新或变更营业执照信息	发布非约定商品
不当使用他人权利	不正当牟利
	拖欠淘宝货款

以下为常见的天猫"高压线"：

1. 不可泄露客户的信息

问：今天我请同事帮我在你们店拍了衣服，不知道留的是公司地址还是家里地址，麻烦您将地址发给我核对一下。（即A买了产品，B让您发A的地址给她）

答：亲，为了您的账号安全，请您用付款的淘宝ID与我们联系，谢谢您的谅解！

注意事项：泄露他人信息属于严重违规行为（如违规扣6分），买家用哪个ID拍的，就跟哪个ID核对信息。

2. 不可延迟发货/按约定时间发货

延迟发货是指商家在买家付款后未在48小时内（特殊商品按约定时间）发货，妨害买家购买权益的行为。

问：客户买了一件衣服110元（含邮费10元），若因延迟发货引发赔付，该如何赔付？

答：除去邮费，商品实际成交金额是100元，若因延迟发货引发赔付，除了全额退款110元以外，还要赔付客户100×30=3 000个积分。

注意事项：商家需赔付商品实际价格的30%，以发放天猫积分方式赔付消费者，最低不少于500个积分，最高不超过5万个积分（100积分=1元）。

3. 不可随意关闭订单

问：您好，我提交了订单，现在又不想要了，该怎么操作。

答：亲，如您不想要了，建议您自行关闭订单，进入"我的淘宝-已买到的宝贝"单击"关闭交易"就行了。

注意事项：不能未经买家同意或协商一致私自关闭订单。如果买家主动要求关闭订单，可以引导客户自行关闭；若客户不会关闭，必须由客户通过阿里旺旺提出要求才可以操作（即商家可以提供凭证，证明是买家要求关闭的）。

4. 不可通过其他平台联系

问：我阿里旺旺发不了图片，您QQ号多少？我用QQ发给您。

答：不好意思，我们上班不可以聊QQ。

注意事项：只能线上交易，不能线下交易（如违规扣6分），即线上交易除阿里旺旺以外，不支持线下沟通（如QQ、微信、京东等平台）；在天猫平台沟通时，不可发送非天猫平台店铺的链接。

5. 不可违背承诺

违背承诺是指商家未按照承诺向买家提供以下服务妨害买家权益和/或未按照承诺向淘宝履行以下义务的行为。天猫支持的服务包括：正品保障、提供发票、七天无理由退换货、按时发货、获得天猫积分、退货保障卡、极速退款、信用卡支付。违背承诺的，商家须继续履行法定或约定的如实描述、赔付、退货、换货、维修、交付发票等义务。

（1）发票问题

问：请问可以开具发票吗？

答：亲，我们支持开发票。

注意事项：不能以各种理由拒绝提供发票，不能要求额外费用；发票价格是客户实际支付的金额（运费除外）；发票类目要与商品一致；发票抬头可以是公司名或者个人姓名，不能写淘宝ID或"个人"两个字。

（2）七天无理由退换货问题

问：裙子收到了，但颜色我不喜欢，可以退货吗？

答：亲，我们支持七天无理由退换货。在签收产品的七日之内可以在后台完成退款退货操作，请保证商品吊牌及包装完整寄回，非质量问题寄回的邮费是需要您承担的！

注意事项：在商品完好（特殊商品除外，如定制类、易腐易烂等商品），不影响二次销售的情况下，在规定的时间内，商家必须履行七天无理由退换货义务。非商品质量问题由买家承担寄回的邮费，商品质量问题则由商家承担。

练一练

一、若客户提出以下要求，您会怎么回应？

1. 我买了几件衣服，发票的类目可以帮我开"办公用品"吗？

2. 我上网不方便，您电话多少呀，我打电话给您？

3. 我的支付宝没钱了，您的微信多少，我用微信转给您可以吗？

4. 衣服收到了，剪了吊牌还能退换货吗？

二、客户A在阿里旺旺上向客服B咨询，由于问题太棘手，客服B将聊天记录的截屏放到论坛或贴吧，和同行一起探讨。请问客服B的做法有什么不妥，为什么？

五、物流知识

客服还要熟悉物流的基础知识（具体见项目六），了解不同物流方式的计价、运达速度、联系方式、查询方式等。售后客服还要了解不同物流方式的包裹撤回、地址更改、保价、问题件退回、索赔的处理等相关知识。

第二步：学会即时通信工具的使用，并能熟练应用

通过培训，周小眉了解到公司大部分的客服都是用即时通信工具来和客户联系沟通，而且每个电商平台用的即时通信工具还不尽相同。如淘宝用的是千牛，京东用的是咚咚，还有些网站用的是QQ。无论使用哪种工具，其作用都是一样的，就是为了快速、高效、及时地为客户提供服务。下面让我们一起学习千牛软件的基础教程。

（1）在百度搜索"千牛"，进入官网，下载千牛网页版，见图5-10。

（2）登录千牛，登录界面见图5-11。

（3）登录成功后，单击"接待"图标，见图5-12，进入阿里旺旺聊天界面；选择左下角"设置"选项进行设置，见图5-13。

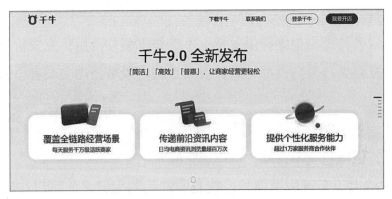

图5-10 千牛的官网下载页面

图5-11 千牛的登录界面

图5-12 千牛登录成功界面

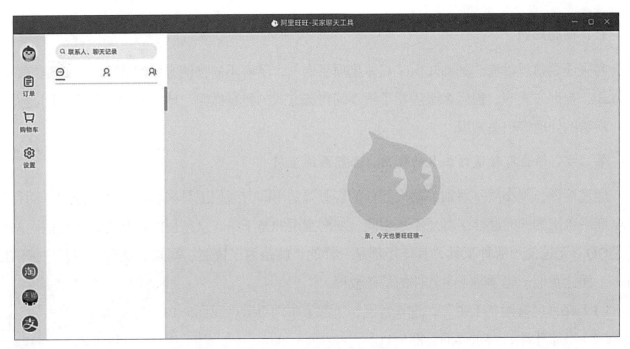

图5-13 阿里旺旺聊天界面

（4）安全设置，见图5-14。

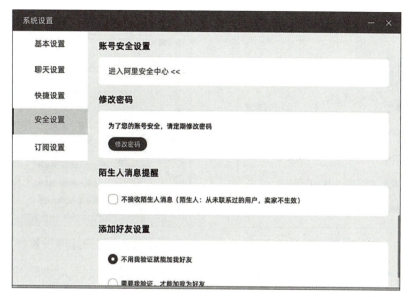

图5-14 安全设置界面

（5）账号设置，见图5-15。

图5-15 账号设置界面

（6）自动回复设置，见图5-16。

图5-16 自动回复设置界面

（7）登录状态设置，见图5-17。

（8）客户排序设置，见图5-18。

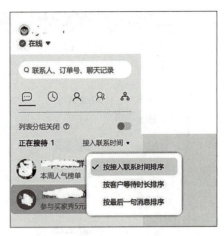

图5-17 登录状态设置界面　　　　图5-18 客户排序设置界面

（9）快捷短语设置，见图5-19。可以新建快捷短语，也可以导入或导出快捷短语，格式为CSV或XML。

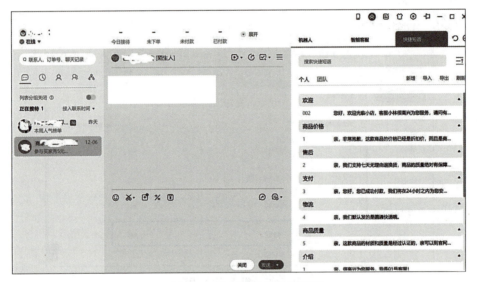

图5-19 快捷短语设置界面

💡 做一做

请下载千牛软件，完成以下基础设置，见表5-7。

表5-7 基础设置

个性签名	阿里旺旺在线	欢迎光临，我是客服小草，很高兴为您服务
	阿里旺旺下线	亲，非常抱歉，我们的上班时间是10:00—22:00，有什么问题可以给我留言，或者在明天上班时间咨询
第一次进店回复		您好，欢迎光临MNFG店铺，我是客服小草，很高兴为您服务，请问有什么可以帮助您
售前阿里旺旺离开、忙碌状态		亲，真的很抱歉，现在有紧急情况将离开一会，请您将疑问一一列出发给我，稍候回来会一一进行回复，请耐心等待
售前阿里旺旺超过15个人的自动回复		亲，非常抱歉，活动期间人流量大，咨询的人很多，阿里旺旺已经爆满了，没能及时回复还望您谅解，请您将疑问一一列出发送给我，我看到消息会一一进行回复，请您耐心等待

活动评价

评价项目	自我评价		教师评价	
	小结	评分	点评	评分
1. 能罗列几种客服岗前培训的内容（30分）				
2. 能明辨触犯天猫规则的行为（35分）				
3. 能对千牛软件进行基础设置（35分）				
合　计				

任务二
客户接待沟通

任务介绍

在这一任务中，我们将从售前、售后客服两个岗位的不同分工，来学习各自的工作流程和沟通技巧。通过活动一"售前接待"，学生应明确标准的客户接待流程，懂得应用促成交易的技巧；通过活动二"售后维护"，学生应学习如何做好售后服务工作，懂得投诉处理流程和应对投诉的技巧。

活动一　售前接待

活动描述

随着"双十一"的临近，公司将大部分的员工都调到客服岗位，担任售前客服的工作，接受客户的咨询，帮助客户答疑解惑，包括回答店铺促销活动的内容，帮助客户推荐适合的衣服，为客户提供专业的产品知识等。"双十一"的销量如何，就看大家这几天的冲刺了。

活动实施

第一步：规范接待流程，提供专业售前服务

周小眉在客服岗位上手很快，她的工作得到了同事们和客服主管的表扬和肯定。为了给客户提供规范和专业的服务，公司制定了一套接待流程。周小眉根据这套流程，极大地提高了接待效率和销售效果。

规范的网店客服接待流程（见图5-20）可以提高客服的工作效率，可以有效地减少失误，给客户带来统一规范及专业的服务。

图5-20　网店客服接待流程

一、开门热情迎客

开门迎客，良好的第一印象是成功沟通的基础。表5-8中，场景一的客服看似回应了客户的所有问题，但一板一眼的回答在线上沟通中是绝对行不通的，不能给客户带来良好的购物体验，很难达成进一步的交易。而场景二的客服则礼貌待客、热情感染，意味着交易成功了一半。

表5-8　不同的客服，不同的开门迎客

场景一	场景二
买家：老板在吗？ 客服：在。 买家：请问那款白色的棉麻连衣裙还有货吗？ 客服：没。	买家：老板在吗？ 客服：欢迎光临，我是客服小草，很高兴为您服务。 买家：请问那款白色的棉麻连衣裙还有货吗？ 客服：抱歉，没货了。但我们还有另外一款卖得非常好的棉麻连衣裙，我发给您看下好吗？

二、耐心接待咨询

客服每天要面对不同的客户，客户会提出各种各样的问题，见图5-21。对于客服而言，有些问题可能很简单，有些则可能难以理解，有部分客户甚至在长时间咨询后还是没下单。面对客户的提问，一定要耐心解释，千万不能流露出不耐烦的态度，除非客户非您家的产品不买，不然很容易流失客户。

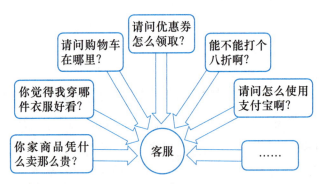

图5-21　客服面对各种各样的问题

三、积极推荐产品

为了促成交易，网店客服必然要对商品非常熟悉，明确商品的优势。在推荐商品的过程中，如何更高效地推荐呢？表5-9中，场景一的客服盲目推荐，很可能会流失客户，成功率低。场景二的客服通过有针对性的询问，挖掘客户的潜在需求，在大体了解客户喜好、需求后，有效地进行产品推荐。

表5-9　不同的客服，不同的产品推荐

场景一	场景二
买家：老板，有什么好看的裙子推荐吗？ 客服：亲，您可以看一下我们这款雪纺淑女连衣裙，卖得特别好。 买家：呃……我不喜欢雪纺面料的衣服，我只买纯棉面料的！ 客服：抱歉，那给您推荐这款纯棉面料的迷你短裙，很显腿长的，是我们店里的爆款。 买家：😠我体重超150斤，穿什么短裙啊？	买家：老板，有什么好看的裙子推荐吗？ 客服：亲，客服小Y很高兴为您服务。😊请问您喜欢什么款式的裙子？休闲装还是职业装？ 买家：偏职业的，我买来上班的时候穿。 客服：好的，请问您对面料材质有没有什么特殊要求呢？ 买家：我比较喜欢穿真丝的衣服。 客服：那您可以看一下我们这款真丝连衣裙，特别为白领设计的，是我们刚推出的新款。🎤

四、及时处理异议

买家：你家牛仔裤怎么这么贵？超市相近款式便宜一半多呢！

客服：您好，我们是本土原创品牌，面料设计和做工都很赞……

买家：我看图片都差不多，再说这个牌子我也没见过呀！

客服：嗯，您的意思我明白，我们增加了刺绣的元素，是由原创设计师设计，由工人一针一线缝制的，贵在这个手工。

在和客户沟通的过程中，遇到问题和异议，作为一名客服人员，要站在客户的立场，及时、灵活地为其解答疑问，从而坦诚愉快地促成交易。处理异议注意事项见图5-22。

迅速回复客户疑虑

耐心地回答问题

打消疑虑，赢得客户信任

适当做出让步，促成交易

图5-22　处理异议注意事项

五、再次确认订单

客服：付款已看到。请核对一下订单，您买的是商品××型号M码白色，收货信息为：×××××。

买家：是的，没错，可以安排周末送货吗？

客服：好的，我会帮您标注好的，请放心吧！👋

交易成功后，确认订单也是很重要的步骤，却又是我们常忽略的。尤其是买家所购商品和收货地址的确认，养成这一习惯能帮助我们降低差错率，减少售后纠纷。如果客户需要修改地址，要及时标注在备忘录里。如果客户有特殊要求（如指定周末送达），只要能办到，就应积极帮助，让客户感受到真诚、细致的服务。

六、礼貌告别收尾

礼貌告别不仅是一次沟通与成交的良好收尾，同时也是赢取回头客的良好开端。对于已成交的客户，礼貌地告别，可以预祝合作愉快，请他耐心等待收货，如有问题可以随时联系。对于没有立即成交的客户，可以适当争取，给对方留下考虑的时间。如有必要，可以加对方为阿里旺旺好友（包括已成交的买家），以便将来进行客户管理和跟进，见表5-10。

表5-10 礼貌告别客户

客户类型	参考话术
已成交客户	非常感谢您的光顾和信任🕊️，我们会尽快给您发货，请您耐心等待。如有任何问题可以随时和我联系，我会第一时间回复您！祝您生活愉快！🎋
未成交客户	看您还没有做出决定，您是还有什么顾虑吗？我们会为您解答的，您可以先买回去试试，虽然我们知道肯定非常适合您，但是如果您实在不喜欢的话，我们也是支持七天无理由退换货的，您可以放心购买😊

第二步：掌握沟通技巧，促成交易订单的完成

为了提升订单转化率，客服除了接待咨询，还要灵活应用各种沟通技巧，极力促成交易订单的完成。

1. 基本的沟通技巧（见图5-23）

（1）真诚友善，使用礼貌、有活力的沟通语言。

（2）严己宽人，遇到问题多检讨自己少责怪对方。

（3）要有同理心，即换位思考，站在客户的立场想问题，有利于理解客户的意愿。

（4）表达不同意见时，尊重客户的观点和立场。

（5）认真倾听，先了解客户的情况和想法，再做判断和推荐。

（6）坚持原则，若客户提出无理或过分要求，要维护好店铺的利益。

（7）适时赞美客户，赢得客户的欢心，营造愉快的交易氛围。

（8）经常对客户表示感谢，感谢客户配合我们的工作。

（9）提升亲和力，多使用"您"或者"咱们"，拉近和客户的距离。

图5-23 基本的沟通技巧

2. 促成交易的技巧

促成交易有很多小技巧，表5-11中的内容为常用的促成交易的技巧。

表5-11 促成交易的技巧

编号	方法	技巧
1	连带销售法	巧妙将商品进行搭配，进行捆绑销售
2	惜失成交法	利用客户"怕买不到"的心理，限数量、限时间、限价格、限服务
3	行动诱导法	利用客户想快点拿到商品的心理
4	二选其一法	避开买还是不买，而是选择买A还是B
5	从众成交法	推荐大家都认可的产品，容易赢得客户信任和喜欢
6	对比成交法	列出产品的优劣势，以及购买的理由
7	预先框式法	对客户的身份或地位等进行积极的框式，适当认同和赞美
8	价格拆分法	巧妙地将价格分摊到月或者天，让客户更易接受
9	让步成交法	必要时做出让步，送些额外的小赠品来赢得客户

试一试 ● ● ●

对照表5-9，分析客服的应对话术，在后面的括号内填入技巧编号。

1. 您真有眼光！这款是我们店里的畅销款，得到很多客户的一致好评，现在一个月能卖出上千件呢。　　　　　　　　　　　　　　　　　　　　　（　　）

2. 这是刚到的新款，虽然价格有点小贵，但款式和设计都很赞，目前市面上还很少见，也不容易撞衫，亲喜欢的话就不要错过。　　　　　　　　　　　　　　　（　　）

3. 请问您要不要再买一条裤子？这条裤子和您刚拍的上衣是绝配，很多客户都是两件搭配购买的，而且买满300元就可以返60元，相当于180元的裤子花120元就可以买到了，相当划算。（　　）

4. 五折活动截止到今晚12点，错过再等一年，请把握良机，想好就赶紧拍下。　（　　）

5. 我们这款真丝连衣裙是专为像您这种注重品质、有品位的人设计的，相信您肯定不是只注重价格而不注重质量的人，对吧？　　　　　　　　　　　　　　　（　　）

6. 请问您需要第2款还是第5款？　　　　　　　　　　　　　　　　　　（　　）

7. 两条998元，不过您算一下，牛仔裤一年四季都可以穿，您买两条质量好的裤子，至少可以穿两年，平均每个月才花40元，真的不算贵！　　　　　　　　　　　（　　）

8. 我刚请示过店长，您可以到赠品区挑选一件38元以下的赠品，这是我能给到的最大优惠了。　　　　　　　　　　　　　　　　　　　　　　　　　　　（　　）

9. 喜欢的话就赶紧拍下吧，快递公司再过10分钟就要来了，如果现在支付成功的话，马上就能为您寄出了。　　　　　　　　　　　　　　　　　　　　　　　（　　）

💡 做一做

客户和客服角色扮演

将班上的同学分成两组，进行一对一模拟演练。A同学扮演客户，B同学扮演客服，模拟在线购买和服饰推销。注意结合开门热情迎客—耐心接待咨询—积极推荐产品—及时处理异议—再次确认订单—礼貌告别收尾这6个环节来展开，并注意灵活使用沟通技巧，极力促成交易。结束后由客户为客服打分，考核指标见表5-12。

表5-12　考核指标表

项目	服务态度（20分）	流程规范（20分）	沟通技巧（20分）	打字速度（20分）	成交金额（20分）
分数					
总评					
建议					

演练完后交换身份进行二次模拟演练。

活动评价

评价项目	自我评价		教师评价	
	小结	评分	点评	评分
1. 能根据售前接待的6个环节进行客户接待（50分）				
2. 能灵活使用几种售前沟通技巧（50分）				
合　计				

活动二　售后维护

活动描述

　　经过"双十一"当天的紧张奋战，公司取得了可喜的412.86万元的销售成绩。而客服人员的工作并没有因为"双十一"的结束而更轻松。接下来的时间，公司大部分客服人员的工作由售前转移到了售后，开始帮助客户处理一系列售后问题，包括物流的查询跟踪工作、产品的退换货工作，以及中差评、客户投诉的处理等工作。

活动实施

第一步：做好售后服务工作，提升客户满意度

　　【案例分析】"退换货很快就处理了，感谢小草贴心的服务。"周小眉（阿里旺旺名"小草"）在商品评价区被客户点名表扬了，这让她很有成就感，觉得这段时间辛苦的付出都值得了。下面我们一起来看一下她是如何处理售后问题的。

　　买家：我的裙子买小了，请问可以换大一码吗？

　　小草：可以的亲，请将商品完好寄回：××××，我们将尽快为您办理换货。非质量问题由您负担寄回的邮费。

　　买家：还要我出运费啊，"双十一"不都有运费险吗？

　　小草：运费险是要退货退款才可以用的。这样吧，您办理退款重拍，就可以享受运费险了。但重拍的价格已经恢复原价了，我向主管申请给您返差价，您看可以吗？

　　买家：那太好了！谢谢您啊！

　　售后服务是整个交易过程的重点之一。售后客服是一项长期、注重细节的工作，直接决定着网店的品牌形象及买家对网店服务的印象。很多店家都清楚，维护好一个老客户比开发10个新客户都重要，那么如何才能做好售后服务呢？

　　做好售后服务，首先要树立"客户至上""真诚为客户服务"的观念。通过服务与客户建立感情，增进了解，增强信任。有了感情和信任，买家才会把卖家推荐给更多的朋友。售后服务流程见图5-24。

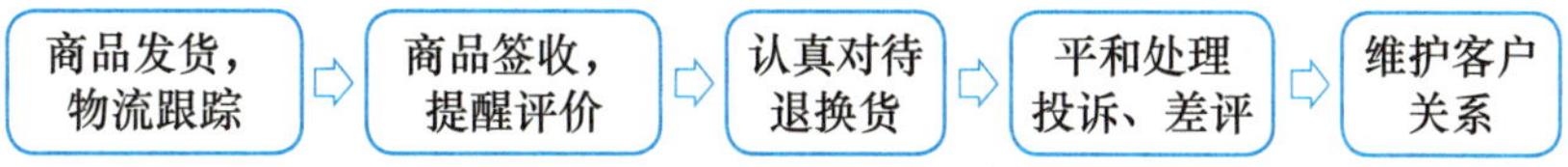

商品发货，物流跟踪 ⇒ 商品签收，提醒评价 ⇒ 认真对待退换货 ⇒ 平和处理投诉、差评 ⇒ 维护客户关系

图5-24　售后服务流程

1. 商品发货，物流跟踪

买家付款后，要尽快包装好商品，安排好快递或物流公司发货，并及时通过阿里旺旺或者手机短信通知买家。发货之前要认真审查订单，不要发错货，也不要发出残次品。在商品发货后要注意随时跟踪物流去向，如有意外要尽快查明原因，并向买家解释说明。

MNFG的发货提醒手机短信模板：

【MNFG】亲爱的女王，您购买的宝贝已经发出，申通单号××××××××××××，它正朝您的方向一路驰骋，请耐心等待。

2. 商品签收，提醒评价

交易结束要及时进行评价，信用至关重要，不论买家还是卖家都很在意自己的信用度，如果买家没有及时地做出评价，可以友善地提醒买家做出如实的评价，因为这些评价将成为其他买家购买店铺宝贝前重要的参考。

MNFG的签收提醒手机短信模板：

【MNFG】亲爱的女王，您的包裹已经签收，请给五分好评予以鼓励！如有问题，请及时联系阿里旺旺在线客服。感谢您对MNFG的支持，期待您下次光临！

3. 认真对待退换货

在遇到买家要求退换货时，先记录下买家要求退换货的原因，分析问题出在哪里、责任方是谁。如有需要，可让买家对产品进行拍照，然后将照片发给客服。协商解决后，要对退货产品进行备案并注明退货原因。处理好买家的退换货问题，这个买家以后便可能会成为店铺的忠实客户。

4. 平和处理投诉、差评

任何卖家都不可能让买家完全满意，都有可能接到客户投诉。处理买家投诉是倾听他们的不满，不断纠正卖家自己的失误、维护卖家信誉的一种方法。处理得当，不但可以增进和巩固与客户的关系，甚至还可以留住客户，促进销售的增长。

5. 维护客户关系

交易结束后，也不能就此冷落买家，要努力发展潜在的忠实买家。可以适时地发出一些优惠或新品到货的信息，以吸引回头客；每逢节假日用短信或阿里旺旺发一些问候语，会增进彼此的感情，从而使其成为忠实的买家。

MNFG的新品及优惠推送短信模板：

【MNFG】亲爱的女王，炫彩春装新降5折起，现赠予您30元无门槛券，限×-×期间使用，戳×××立即领取。回复TD退订。

💡 **想一想**

在网购中，您有没有遇到过售后问题？后来是怎么解决的？请分享一下您的购物经历。

第二步：处理客户投诉，提升客户服务技巧

【案例分析】客户张小姐买了01款式的连衣裙，由于仓库的疏忽，发了02款过去。她收到后马上联系客服要求重发。"双十一"结束后，很多产品都卖断货了，也包括01款。客服向她说明情况，建议张小姐发起退款。她大发雷霆，说这裙子是为了参加聚会才买的，若不重发01款就投诉店铺。如果您是周小眉，您会怎么处理？

一、应对投诉处理流程

要成功地处理客户投诉，先要找到正确的方法、合适的方式与客户进行交流，并按规范的流程来处理，见图5-25。

快速反应　认真倾听　安抚解释　诚恳道歉　提出方案　及时执行　跟进反馈

图5-25　应对投诉处理流程

1. 快速反应

遇到问题，客户一般会比较着急，怕问题不能得到解决。客服要快速反应，让客户不过分焦虑急躁，必要时应直接和客户电话沟通，以表示重视。如果不能应付，切记要第一时间请示领导，听从领导的意见、安排。

2. 认真倾听

客户投诉商品、服务有问题，不要着急去辩解，而是要耐心倾听，记录好问题所在，找出客户的诉求。客户之所以投诉，归根结底是没有得到预期的商品或服务，一般是自己的利益受到损害，或是服务不周导致心情不愉快。客户的诉求一般可归纳为三类——求发泄、求补偿、求尊重，见表5-13。

表5-13　客户诉求

类型	表现	应对
求发泄	为了发泄怨气，不吐不快	先不辩解，让其充分发泄
求补偿	利益受损，当然要有相应的补偿	直入主题，在权限范围内协商，不行则请示上级
求尊重	为了挽回面子，获得尊重	赞美客户，给足面子

3. 安抚解释

站在客户的立场，先安抚客户的情绪，如"我理解您的心情……""如果是我，我也会很着急"，等客户的发泄需求得到满足后，再进行解释和道歉。如以上案例，周小眉跟客户解释说："我明白您的心情，我也很想给您发货，但确实没有库存了。"

4. 诚恳道歉

不管是因为什么样的原因造成客户的不满，都要诚恳地向客户致歉，对因此给客户造成的不愉快和损失道歉。如果客服人员已经非常诚恳地承认自己的不足，客户一般也不好意思继续不依不饶。如周小眉主动致电，在电话里表达了歉意："真的非常抱歉，由于库存的原因给您带来了不便，希望不要因为这件事影响了您的心情。"

5. 提出方案

主动承担责任，与客户共同协商，提出具体的解决方案。常见的投诉解决方案见图5-26。

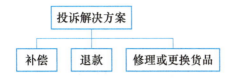

图5-26 常见的投诉解决方案

周小眉根据客户的诉求，提出了以下方案，见表5-14。

表5-14 备选方案

序号	方案	内容
1	补偿	申请50元无门槛优惠券供下次使用
2	换其他款	建议更换店铺的其他款式，看看有没有喜欢的，安排优先发货
2	换同款	如果真的很喜欢01款，尽量和仓库联系，若有补货第一时间通知，但时间不确定，有可能会耽误参加聚会
4	其他方案	问客户有没有更好的方案，让客户提，只要不是太离谱，尽可能满足客户

6. 及时执行

执行措施要及时，不要拖时间。如客户选择了方案2，更换店铺的其他款式，周小眉则积极推荐同系列的相近款式，待客户拍下后，立即联系仓库安排优先发货。

7. 跟进反馈

采取什么样的补救措施，现在进行到哪一步，都应该告诉客户，让客户了解客服人员的工作，了解客服人员付出的努力，让客户放心。周小眉对物流进行跟踪，及时跟进，同时和客户保持联系，确保事情圆满解决。

根据以上流程，周小眉顺利化解了客户的投诉。但究其源头，其实是售后服务的商品发货环节没做好，如果当初能认真审查订单，没有发错货，也就不会有投诉问题发生了。

二、常见的投诉原因及应对技巧

出现投诉，售后客服要认真对待，积极开展善后工作。常见的投诉原因及应对技巧见表5-15。

表5-15 常见的投诉原因及应对技巧

类别	原因	技巧
客服	客服工作不热情，服务态度差，回复问题慢	将客服服务态度、响应速度列入客服绩效考核，施行奖罚措施
商品	商品质量问题，与描述不符、色差大、尺寸不合适、商品破损	做好发货前质检，商品描述尽量详细，给出准确的尺码表，图片拍摄真实，解释清楚实物色差
快递	快递送达地址不到、丢件、快递服务差、派送速度太慢	养成与客户核对地址的习惯，选择服务水平较高、评价较好的快递公司；遇快递爆仓或恶劣天气要及时做好与客户的解释工作
其他	职业差评师、新手客户、要求过高的客户	对差评师，收集证据积极维权；对新手，事先强调评价的重要性；对要求过高的客户，提醒谨慎购买

知识加油站

售后服务管理师

售后服务管理师是指通过有培训资质的机构培训并考试合格，获得售后服务管理师职业资质的管理人员。售后服务管理师是一种职业资质认定，为推动各行业售后服务制度健康规范的发展，提高用户满意度，创建和谐社会，中国商业联合会自2007年起在全国范围内开展"售后服务管理师职业资质认证"培训工作（中商会零供委[2007]1号文）。该职业共设三个等级，分别为：初级售后服务管理师（PAMP）、售后服务管理师（AMP）、高级售后服务管理师（SAMP）。

议一议

在生活中，您有没有投诉商家的经历？分享一下您的经历，并告知最后客服人员是怎么处理的。

做一做

请到淘宝网挑选一款商品（商品不限，最好含运费险），收到货以后，到淘宝后台进行退换货操作，理由为"七天无理由退换货"。体验售后服务，画出退换货的流程图。

活动评价

评价项目	自我评价		教师评价	
	小结	评分	点评	评分
1. 熟悉售后服务的流程（50分）				
2. 能根据投诉处理流程来处理客户投诉（50分）				
合　计				

项目总结

通过本项目的学习，学生应能对网店客服的岗位有个基本认知。能理解客服的定义、分类与作用，能大体了解客服的工作职责和岗位要求；熟悉售前知识培训的内容，包括产品知识和天猫规则，会熟练使用千牛软件；懂得售前接待流程与沟通技巧，能灵活处理售后问题，做好售后维护工作，为后续学习做好铺垫。

项目练习

一、填空题

1. 网店客服是_____，通过网店与客户进行_____，_____，_____，_____等。

2. 网店客服根据其工作职责和流程的不同，可以分为_____、_____和_____。

3. 网店客服的作用包括_____、提高成交率、_____、更好的用户体验。

4. 产品的规格型号、功效功用、材质面料等属于产品的_____知识。

5. 售前的接待流程包括开门热情迎客、_____、_____、再次确认订单、礼貌告别收尾。

6. 售后处理投诉的流程包括快速反应、_____、安抚解释、_____、_____、及时执行、_____。

二、问答题

1. 请列举几个促成交易的技巧。

2. 请列举几个客户投诉的原因。

3. 小周的网店每天下午发货，一天他整理快递收据的时候发现，一个快递单上收货人11位数的手机号不小心写成了10位数，请问这时小周应该怎么办？

项目五
客户服务

项目六

电商物流

• • • ●

项目简介

本项目中，我们将从电子商务与物流模式认知着手，了解物流的基本概念与电子商务的物流模式，运用网络搜索查询相关信息、浏览电商公司官网、进行个人购物体验等，选取典型电商企业，了解电商物流模式，熟悉电商物流岗位工作，初步认识电商物流岗位业务技能。

项目目标

知识目标

- 理解物流的基本概念。
- 了解电商物流的几种运营模式。
- 熟悉电商物流部门的岗位设置与具体职责。

能力目标

- 能够识别电商物流的不同模式。
- 熟练掌握电商物流岗位的业务操作流程，包括订单处理、配货、打包发货等。

素养目标

- 培养对电商物流行业动态的敏锐洞察力。
- 确立严谨细致的工作作风。

任务一

认识电商物流

任务介绍

在这一任务中，我们将学习与梳理电商物流的基本知识，使同学们对物流与电商物流有一定的认知。通过活动一"识别模式"，使学生理解物流的基本概念，了解第三方物流模式，认识不同电商物流模式的代表企业及其具体的物流模式；通过活动二"明晰工作"，以网店组织架构为出发点，了解电商物流岗位的设置及其工作内容。

活动描述

小张是一名计算机专业的大学生，父母经营着一家主营手机及配件零售的实体店铺。在电子商务行业迅猛发展的大环境下，小张已经顺利在淘宝网开设了一家以销售手机配件为主的店铺。近几年有很多关于快递爆仓、消费者收不到商品的新闻报道，小张知道这些都是网络上所说的"物流问题"，但他对"物流"了解不多，所以要先了解什么是物流，什么是电商物流。

活动实施

第一步：通过各种渠道，了解物流

小张对物流一知半解，但在平时生活中的确也接触过不少物流形式，因此他借助网络、带着学习的态度开启了物流学习之旅。

📖 知识链接 ▶▶▶

认识物流

物流是根据实际需要，将运输、储存、装卸、搬运、包装、流通加工、配送、信息处理等基本功能实施有机结合，使物品从供应地向接收地进行实体流动的过程。

形式一　快递公司

小张知道生活中经常看到的那些快递公司的业务就是物流的一种形式，比如圆通速递、顺丰速运、韵达速递、申通快递等，见图6-1。

图6-1　部分快递公司标志

形式二　物流公司

小张发现，除了快递公司之外，还会看到一些运送大件商品（如冰箱、空调）的货运公司，比如德邦物流、日日顺，这些货运公司的业务也是物流的一种形式，见图6-2。

图6-2　部分物流公司标志

一、了解我国快递公司种类

我国快递公司主要分为四类：第一类是外资快递公司，包括联邦快递（FedEX）、敦豪

（DHL）、天地快运（TNT）、联合包裹（UPS）等，具有丰富的经验、雄厚的资金以及发达的全球网络；第二类是国有快递公司，包括中国邮政（EMS）、民航快递（CAE）、中铁快运（CRE）等，依靠其背景优势和完善的国内网络而在国内快递市场处于领先地位；第三类是大型民营快递公司，包括顺丰速运、宅急送、申通快递、韵达速递、圆通速递等，在局部市场站稳脚跟后，已逐步向全国扩张；第四类是小型民营快递企业，规模小、经营灵活，但管理比较混乱，其主要经营特定区域的同城快递和省内快递业务。

1. 外资快递公司

登录联邦快递官网：http://www.fedex.com/cn/（见图6-3），全面了解联邦快递公司的发展情况、服务内容。

图6-3 联邦快递官网

2. 国有快递公司

登录中国邮政速递物流（EMS）官网：http://www.ems.com.cn/（见图6-4），单击"产品服务"，了解速递业务与物流业务。

图6-4 中国邮政速递物流官网

3．民营快递公司

登录顺丰速运官网：http://www.sf-express.com/cn/sc/（见图6-5），单击"物流服务""服务支持"，了解其服务内容。

图6-5 顺丰速运官网

做一做

请同学们结合网络搜索，了解还有哪些快递公司。试对"四通一达"五大快递公司服务质量进行评价，完成表6-1。

表6-1 "四通一达"服务质量评价

快递公司	优点	缺点	服务范围	价格
圆通速递				
申通快递				
中通快递				
百世汇通				
韵达速递				

在电商物流活动中，小件、轻的商品使用快递公司承担运输配送服务，大件、重的商品使用物流公司承担运输配送服务。

知识链接 ▶▶▶

2023年我国物流企业50强

物流公司是指从事物流活动的经济组织，至少从事运输（含运输代理、货物快递）或仓储等一种经营业务，并能够按照客户物流需求对运输、储存、装卸、包装、流通加工、配送等基本功能进行组织和管理，具有与自身业务相适应的信息管理系统，实行独立核算，独立承担民事责任。2023年我国物流企业50强见表6-2。

表6-2　2023年我国物流企业50强

排名	企业名称	排名	企业名称
1	中国远洋海运集团有限公司	26	浙商中拓集团股份有限公司
2	厦门象屿股份有限公司	27	上海中谷物流股份有限公司
3	顺丰控股股份有限公司	28	安得智联供应链科技有限公司
4	北京京邦达贸易有限公司	29	湖北交投物流集团有限公司
5	中国外运股份有限公司	30	宁波港东南物流集团有限公司
6	浙江菜鸟供应链管理有限公司	31	四川安吉物流集团有限公司
7	上海三快智送科技有限公司	32	全球捷运物流有限公司
8	圆通速递股份有限公司	33	中国长江航运集团有限公司
9	中通快递股份有限公司	34	中创物流股份有限公司
10	中铁物资集团有限公司	35	中铁铁龙集装箱物流股份有限公司
11	上海韵达货运有限公司	36	物产中大物流投资集团有限公司
12	陕西省物流集团有限责任公司	37	中铝物流集团有限公司
13	建发物流集团有限公司	38	一汽物流有限公司
14	中国物资储运集团有限公司	39	上海环世物流（集团）有限公司
15	申通快递有限公司	40	湖南和立东升实业集团有限公司
16	中集世联达物流科技（集团）股份有限公司	41	湖北港口集团有限公司
17	上汽安吉物流股份有限公司	42	日通国际物流（中国）有限公司
18	全球国际货运代理（中国）有限公司	43	云南能投物流有限责任公司
19	嘉里物流（中国）投资有限公司	44	上海安能聚创供应链管理有限公司
20	极兔速递有限公司	45	安通控股股份有限公司
21	河北省物流产业集团有限公司	46	广州发展能源物流集团有限公司
22	济宁港航发展集团有限公司	47	运连网科技有限公司
23	准时达国际供应链管理有限公司	48	四川省港航投资集团有限责任公司
24	华远国际陆港集团有限公司	49	广西现代物流集团有限公司
25	日日顺供应链科技股份有限公司	50	百世物流科技（中国）有限公司

二、了解物流市场信息

登录中国物通网官网：http://www.chinawutong.com/（见图6-6），了解我国物流市场信息服务。

图6-6　中国物通网官网

三、认识物流公司的服务

登录德邦物流官网：https://www.deppon.com/（见图6-7），了解其业务内容。

图6-7 德邦物流官网

🔆 **想一想**

请同学们结合网络搜索，思考快递公司与物流公司有何不同。

第二步：结合电商企业，认识电商物流模式

小张在了解了物流形式后，想到目前很多知名电商企业/平台的商品配送，有的由圆通、顺丰之类的快递公司完成，有的由日日顺、德邦之类的物流公司完成，有的由自有品牌公司完成。那么电商行业的物流模式有哪些呢？

📖 **知识链接** ▶▶▶▶

认识电商物流

1. 电子商务物流

电子商务物流是指直接服务于电子商务企业，在承诺的时限内能够快速完成电子商务交易过程所涉及的物流服务，具有服务于生活消费、服务对象分散性高、注重服务体验及正向和逆向物流一体化等特点。

2. 电子商务物流模式

电子商务物流模式主要是指以市场为导向，以满足客户要求为宗旨，获取系统总效益最优化的适应现代社会经济发展的模式。

3. 常见的电子商务物流模式

常见的电子商务物流模式主要有：自建物流（由电商企业自己组建物流配送系统）、第三方物流（将物流活动委托给快递、物流公司等专业物流服务企业）、半外包物流（电商企业核心物流业务自建，非核心业务外包）、网络实体物流、物流联盟（第四方物流）。

小张分别在几家比较知名的电商企业（平台）上购买了一些商品，通过自身体验与网络信息搜集，了解不同企业/平台的物流模式。

平台一　京东

早上10:00，小张使用手机在京东上购买了一个移动电源，当天下午2:00多，小张的手机铃声响起，说商品已经送到小区楼下了。

1. 了解京东配送服务

（1）登录京东官网：https://www.jd.com/，见图6-8。

图6-8　京东官网首页

（2）单击页面左上角的"定位"按钮，选取个人所属省份，了解京东配送省份，见图6-9。

图6-9　京东首页"定位"按钮

（3）单击页面右上角"客户服务-帮助中心"按钮，了解京东配送服务，见图6-10。

图6-10 京东首页"客户服务-帮助中心"按钮

（4）将首页拉到页尾，了解配送说明，见图6-11。

图6-11 京东首页配送说明

2．认识京东自建物流特色服务

登录京东物流官网：https://www.jdl.com/，了解服务与产品、服务支持及解决方案，见图6-12。

图6-12 京东物流官网

3．了解京东物流创新模式

2015年年初，京东O2O产品更名为"京东到家"，以其自有的物流体系为基础，希望在传统的B2C电商业务模式之外开辟更高频的服务领域。京东到家整合了超市生鲜、医疗健康、上门服务等多种门类，提供一小时送达、外卖到家、健康到家等服务，用手机下载京东到家App，可了解京东到家服务特色。

2024年5月16日，京东正式宣布其即时零售业务全面升级，将原来的京东小时达和京东到家整合为全新的"京东秒送"品牌（见图6-13），以提供更快、更便捷的购物体验。同时，京东还公布了一个新Logo——一只带着竹蜻蜓的"Joy"。该平台的配送速度非常快，最快只需要9分钟就能送达。对于特殊物品如冷饮、鲜花等，"京东秒送"也会进行特殊的关照和处理。

图6-13 京东秒送官网

> **知识链接** ▶▶▶
>
> 自建物流
>
> **1．自建物流模式**
>
> 自建物流模式是目前国内综合性电商企业普遍采用的一种物流模式。这种模式从配送中心到运输队伍，全部由电商企业自己整体建设，它将大量的资金用于物流队伍、仓储体系建设。典型企业有京东、苏宁云商等。
>
> **2．京东物流简介**
>
> 京东集团2007年开始自建物流，2017年4月正式成立京东物流集团。京东物流建立了包含仓储网络、综合运输网络、最后一公里配送网络、大件网络、冷链物流网络和跨境物流网络在内的高度协同的六大网络，具备数字化、广泛和灵活的特点，截至2024年9月30日，含第三方业主运营的云仓，京东物流已拥有超3 600个仓库，总管理面积超3 200万m²。
>
> 同时，京东物流已在全球拥有近100个保税仓库、直邮仓库和海外仓库，总管理面积近100万m²，通过领先的自动化设备应用、库存管理系统升级、运营流程优化等，为全球客户提供优质高效的一体化供应链物流服务，以海外仓为核心更推动在美国、欧洲地区、大洋洲地区、东南亚等国家、地区快

递物流大提速。2024年10月，京东物流持续升级出海战略——"全球织网计划"，至2025年底全球自营海外仓面积将实现超100%增长，同时进一步布局建设保税仓、直邮仓。

平台二 淘宝网

夏季到了，小张在淘宝网上一家销售男装的店铺购买了一件短袖T恤，当天晚上小张收到商家短信提示已经发货，由圆通速递承运。两天后，小张收到快递包裹。

（1）登录淘宝官网：https://www.taobao.com/，见图6-14。

（2）在"我的淘宝"—"已买到的宝贝"—"订单详情"—"物流信息"中显示，物流承运方是民营快递公司，见图6-15。

图6-14 淘宝官网首页

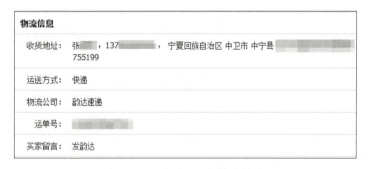

图6-15 淘宝订单物流信息

知识链接 ▶▶▶

第三方物流

1. 第三方物流模式

第三方物流是指生产企业为集中精力搞好主业，把原来属于自己处理的物流活动，以合同方式委托给专业物流服务企业，同时通过信息系统与物流企业保持密切联系，以达到对物流全程管理控制的一种物流运作与管理方法。

电子商务中的第三方物流是指电子商务企业只做自己最擅长的业务，如平台、数据等，而把其他业务比如生产、物流都外包给第三方专业企业去做。简而言之就是，电商公司通过第三方快递公司（如"四通一达"）进行订单配送。

2．淘宝的物流模式

淘宝是C2C的平台，本身没有下属的快递公司，依托于第三方物流提供物流服务，大都为快递公司，如申通、圆通、韵达、EMS等。

淘宝在与物流公司合作之前，都会就物流服务的价格、内容、方式、优惠条件、赔付条款、监控监督等签订协议，规范双方的责任和义务。在实际物流业务中，作为平台提供者的淘宝，只作为与其签订协议的物流公司的推荐者和监管监督者以及投诉的裁决者，并不绑架其客户的选择权，而是由客户自行比较，自主选择淘宝推荐的物流公司。

平台三 苏宁易购

小张准备置换一台新电饭煲，小区周边正好有一家苏宁电器门店，小张去逛了一圈，看中了一款但觉得价格过高。店员告诉小张，现在苏宁线上下单有优惠活动。小张打开苏宁易购App，发现这款电饭煲在做活动，价格比实体店要便宜，于是他果断下单。在填写配送地址时，小张发现可以自提，也可以由苏宁配送。小张想了解这种既有实体店又有电商平台的企业物流模式。

（1）登录苏宁易购官网：https://www.suning.com/，见图6-16。

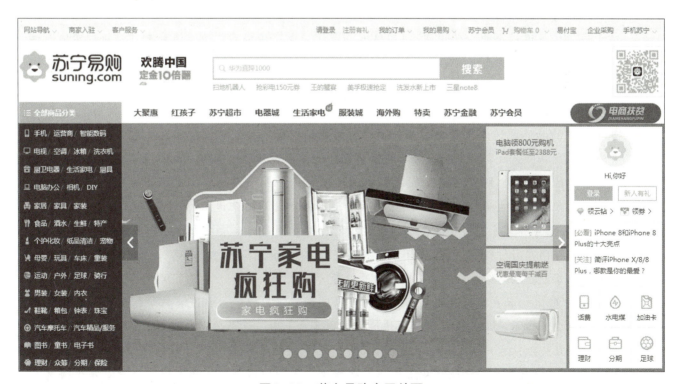

图6-16 苏宁易购官网首页

（2）单击页面左上角"客户服务—帮助中心"或右下角"帮助中心"，了解苏宁易购物流配送方式，见图6-17。

图6-17 苏宁易购物流配送方式

知识链接 ▶▶▶

网络+实体连锁物流

1. 网络+实体连锁物流模式

对于多数传统连锁企业，采用网络+实体连锁是适应电商趋势的首选。消费者可以通过实体连锁店选购商品，也可以通过线上网站选购商品，自行选择去门店自提，或者由连锁企业配送至消费者收货地址（属于自建物流模式）。典型企业有苏宁易购等。

2. 苏宁易购物流模式

苏宁易购的物流配送体系分为两部分。苏宁易购接到客户所下的订单后，系统立刻进行处理分析，若为小件商品，系统会将其转入苏宁易购自己的配送系统处理；如果是大件商品，系统会将其分配到相应的地区，再反映到该地区的库存系统，如果有货，系统就会为其指定物流中心发货。

苏宁易购配送模式主要分为门店配送、客户配送和给配送中心配送三种。

（1）门店配送。当苏宁易购某个门店发生少货、缺货问题时，会向配送中心发出补货请求，然后配送中心根据门店补货信息，将货物配送到缺货门店。之后，客户到门店购买后自提回家。这种模式一般针对小家电，在总销售额中占40%左右的份额。

（2）客户配送。客户配送是指当客户在苏宁易购网上下单以后，系统将订货信息立即传送给各个部门，然后由派工员派工，由送货师傅快速递送到客户手中。这是典型的B2C物流模式，配送过程快速、准确并且可以让客户实时掌握配送信息。

（3）给配送中心配送。给配送中心配送一般发生在不同地区之间，当其他配送中心发生缺货、断货等情况时，就会向邻近的货物充分的配送中心发出调拨指令，一般为大批量配送。这是典型的苏宁易购内部的B2B物流模式，相互支援，密切配合。

知识加油站

菜鸟是什么？

"菜鸟"是阿里巴巴联合银泰集团、复星集团、富春集团、顺丰及"三通一达"一起打造的物流平台，能够支持日均300亿元的网络零售额，并可以实现全国任意地区24小时送货必达。图6-18为菜鸟官网（https://www.cainiao.com），这种模式在国外被称为"第四方物流"，基本信息见图6-19。

图6-18　菜鸟官网

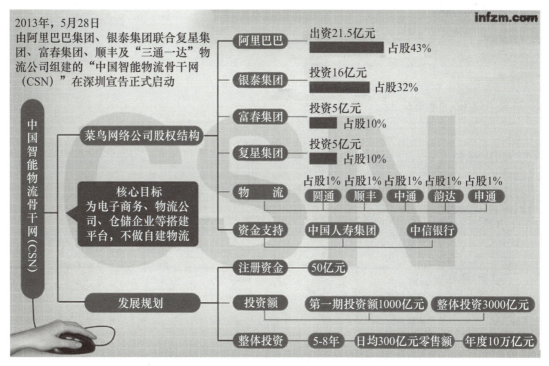

图6-19　中国智能物流骨干网信息

认识"菜鸟"的服务

（1）国内物流，见图6-20。

图6-20 菜鸟国内物流

（2）国际物流，见图6-21。

图6-21 菜鸟国际物流

（3）科技与其他，见图6-22。

图6-22 菜鸟科技与其他

理一理

请根据已学内容，总结我国电商物流模式的类型及其特征，填入图6-23。

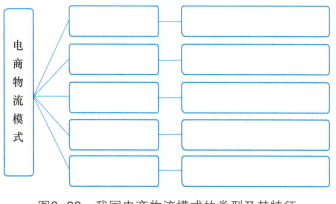

图6-23 我国电商物流模式的类型及其特征

活动评价

评价项目	自我评价		教师评价	
	小结	评分	点评	评分
1. 能说出民营快递企业的内涵（25分）				
2. 能说出电商物流模式类型（25分）				
3. 能说出自建物流与第三方物流模式的区别（25分）				
4. 能说出快递与物流的区别（25分）				
合　计				

活动二　明晰工作

活动描述

　　小张在了解了电商物流的基础内容后，从网络上看到很多电商企业招聘物流岗位工作人员。考虑到自己店铺后续的发展，小张想了解电商企业中设置了哪些物流（仓储）岗位、这些岗位的工作内容是什么，以及电商企业物流（仓储）部门是如何完成商品发货工作的。

活动实施

　　小张准备通过实地考察和网络学习，去了解电商物流岗位的设置与岗位职责。

第一步：了解电商企业物流岗位

　　小张通过学习，了解到一个完整的电商企业包括很多部门，其中电商物流（仓储）部门完成商品从仓库发货，由快递公司配送到消费者手上的工作。那么电商物流（仓储）部门到底有哪些岗位分工呢?

📖 **知识链接** ▶▶▶

电商企业的组织结构

一个组织结构基本完整的电商企业应该包括采购、推广、运营、客服、仓库（物流）、职能等部门，见图6-24。

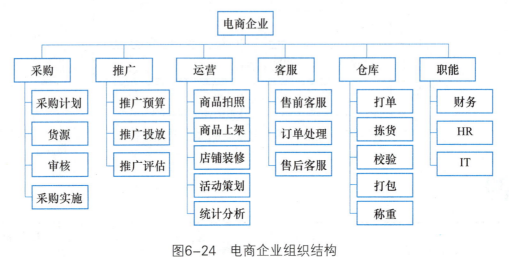

图6-24　电商企业组织结构

中小型电商企业物流（仓储）部门岗位设置如下：

1.仓库主管

仓库主管的主要职责是负责仓库每项工作正常、有序、准时、高效地完成。

2.审单员、打单员

审单员、打单员的主要职责是快速审单，将订单组已审核确认完毕的订单相关单据进行打印，打印的相关单据主要是出库单和快递单。

3.配货员

配货员的主要职责是根据打单员提交的相关单据进行配货出库。

4.校验员

校验员的主要职责是对出库货品的质量和数量进行比对，做二次分拣，以保证出库的准确性。

5.打包员

打包员的主要职责是将验货后的货物进行包装，将快递单粘贴在包好后的货物上。

6.称重员

称重员的主要职责是将已包装好的包裹称重后记录质量信息，以便后期和快递公司进行快递运费的账目核对。

7.补货员

补货员的主要职责是配合本部门做好仓库统计及备货，密切关注各产品的库存，断货、缺货第一时间联系本部门主管进行登记，做好补货准备。

8. ERP专员

ERP专员的主要职责是负责企业ERP的数据导入与运维，根据实际仓储库存，结合各店铺的上架比例，定期调节产品的上架库存，配合运营做好产品上下架及组合套装促销设置等，如E店宝、电商宝ERP等。

做一做

根据电商企业物流（仓储）部门岗位设置，请您通过网络资源（如智联招聘、中华英才、前程无忧等）帮小张了解电商企业对物流（仓储）岗位有哪些要求（如岗位名称、工作年限、薪金、学历、技能要求等），并填写表6-3。

表6-3 电商企业物流（仓储）部门岗位要求

需求信息来源	岗位名称	工作年限	学历	薪金	工作地	技能要求	岗位职责

第二步：了解电商物流工作流程

小张在电商平台选好商品并下单后，就等待快递员送货了。那么，电商仓库的商品都经历了哪些环节才从仓库送到小张的手上呢？

一、网店物流工作

网店系统分为前台系统与后台系统，前台系统是指与消费者直接关联的职能模块，比如客服；后台系统是指与网店本身直接关联的职能模块，比如物流。在消费者成功下单后，店铺后台系统需要完成订单处理、拣货作业、复核包装、快递发货等环节才能使订单中的商品送到消费者手上，见图6-25。

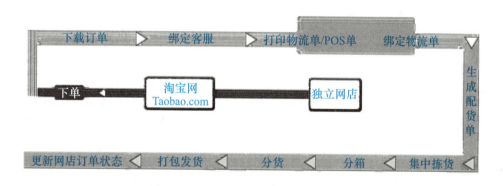

图6-25 网店发货流程图

二、考察物流业务流程

参观当地企业物流部门或仓库，了解物流（仓储）部门的功能分区及业务流程，见图6-26。

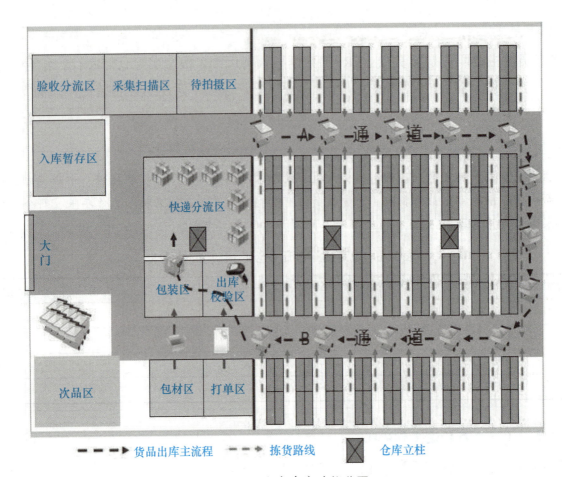

图6-26 电商仓库功能分区

中小型电商企业物流（仓储）工作流程如下：

1. 下单及打单工序

客户在淘宝下单后，订单由系统自动下载到服务器。根据客服备注，经过终审确认无误的订单将由打单员打印发货单和快递单。

注意事项：

（1）审核各种单据的准确性（类别、快递公司等）。

（2）确保打单员打印的快递单号正确，并且快递单和发货单信息一致。

（3）准确无误判断订单的问题和反馈等。

2. 订单分拣

根据订单的商品类别、规格、库位等信息进行分拣，可准确快速地进行配货，保证发出的商品与客户购买的商品一致。

3. 订单配货

配货员在拿到发货单后，根据发货单上面的信息进入仓库配货。

注意事项：

（1）严格按照发货单的商品类目、规格进行配货。

（2）严格按照发货单的商品数量准确无误地进行配货。

（3）保证仓库的整洁、安全。

4．订单商品验货核对

配货完毕后要进行商品核对及系统的条码验货工作，并力求准确无误。

注意事项：

（1）检查商品，看是否有明显的污垢及瑕疵，对问题件进行退换。

（2）严格按照订单信息准确无误地核对商品类目、规格及数量，不能有遗漏和多发货的现象。

5．订单打包

打包员接到验货完毕后的订单商品，需要再次检查，防止出现漏发和错发。

注意事项：

（1）接到配货完毕后的订单要再次检查。

（2）在打包封箱时要全面封住包裹的缺口，以免出现快递过程中掉件等问题。

6．订单称重及摆放

打包完毕后进入称重环节。称重是为了确认包裹内的商品数量，并明确包裹的重量，以便在客户收件出现问题时，为明确各方责任（是快递丢件还是仓库漏发）提供有效证明。

注意事项：

（1）称重严格按操作流程来实施。

（2）称重完毕后将商品整齐地码放一旁。

（3）发往各个快递公司的包裹要分开存放。

7．快递提货取件

电商每天根据订单完成发货后，由各个快递公司的提货员来提货点提取各自的订单件。

工作要点：

检查核对当日订单是否全部发件。

💡 **做一做**

　　根据网店发货流程图与电商企业物流工作流程，请帮小张为其网店总结物流（仓储）工作流程，写出各个步骤的名称，并进行排序。

活动评价

评价项目	自我评价		教师评价	
	小结	评分	点评	评分
1．能说出电商物流（仓储）岗位（30分）				
2．能归纳电商物流工作流程（35分）				
3．能简单表述物流岗位职责（35分）				
合　　计				

任务二
体验物流岗位

任务介绍

在这一任务中，我们将学习与梳理电商物流（仓储）发货过程中物流岗位工作，对网店发货操作与快递业务有一定认知，为后续网店运营打下基础。通过活动一"认识订单"，学习如何审核与打印订单；通过活动二"订单配货"，以拣货、配货为出发点，了解网店商品按单拣货、配货的实施过程与方法；通过活动三"打包发货"，了解网店商品的打包要求与发货交接等操作。

活动一 认识订单

活动描述

小张了解到，网店商品要经过处理销售订单、拣货配货、包装称重等环节，然后联系快递公司，最终由快递公司将商品送到消费者手上。作为新手，小张想了解各环节是如何操作的，要做什么、怎么做。下面我们就和他一起学习吧！

活动实施

第一步：认识淘宝网店订单

作为网购消费者，小张知道自己在网店下单并付款后，就可以等着快递送货上门了；而作为网店经营者，小张对于如何处理网店销售产生的订单还有很多疑问。于是，他开启了认识订单的学习之旅。

📖 知识链接 ▶▶▶

认识订单

订单是企业采购部门向供应商发出的订货凭据（包含成品、原材料、燃料、零部件、办公用品、服务等全部采购过程）。在电商中，订单是指消费者在网店下单并完成付款后，所获得的商品所有权转移的有效凭证。

订单的功能具体体现在：

（1）一个订单下多件商品，买家只需进行一次"付款"操作。

（2）一个订单下多件商品，买家只需对整笔订单进行一次"确认收货"操作，只有在订单中的某件商品申请了退款的情况下，才需对订单中剩下的每件商品逐一进行"确认收货"。

（3）卖家对交易的操作管理，基于一个订单，只需进行一次操作；基于订单的操作包括发货、评价、延长收货、备注等。

一、查询淘宝订单号

（1）我们进入淘宝首页，并且登录购买产品的淘宝账号，见图6-27。

图6-27 淘宝首页

（2）登录之后，在右上角单击进入"卖家中心-已卖出的宝贝"，见图6-28。

图6-28 淘宝卖家中心

（3）进入我们购买到的产品列表，在每一个订单的左上角就会看到订单编号了，见图6-29，赶快去试一试吧！

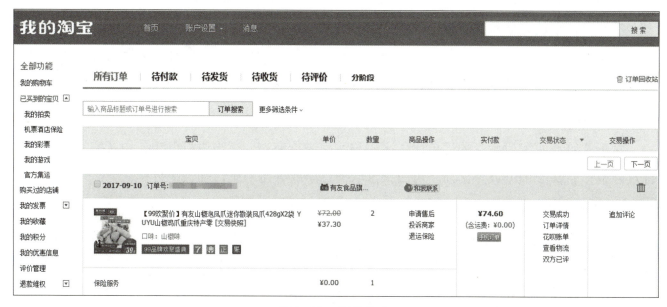

图6-29 订单信息

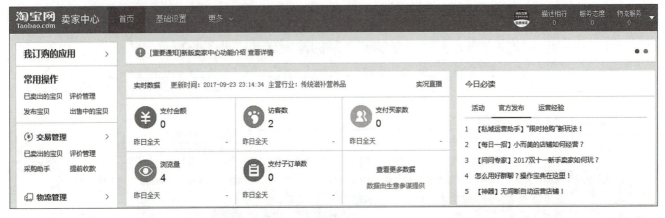

图6-29 订单信息（续）

二、淘宝订单状态解析

淘宝订单处于不同状态，代表不同的工作要求，见图6-30。

图6-30 淘宝订单状态解析

状态1【等待买家付款】：买家已经提交订单，但还未付款。

状态2【等待发货】：买家提交订单，且已付款完毕，等待商家确认订单。

状态3【已发货】：商家已完成商品打包，并已由快递公司进行配送。

状态4【退款中】：买家因不同原因申请将已付款的订单取消，需要商家确认退款行为。

状态5【需要评价】：对于已完成的订单，买家需对商品、服务、物流等进行评价。

状态6【成功的订单】：买家已收到商品，并完成确认收货，且无退换货。

状态7【关闭的订单】：买家或卖家因不同原因，将无效的订单予以取消、关闭。

第二步：审核淘宝网店订单

小张在"卖家中心-已卖出的宝贝"中，看到订单分为不同状态。对于新手而言，他觉得需要对订单的有效性进行学习，才能对订单进行确认、审核，也才能方便网店的发货工作。

1. 等待买家付款

对于"等待买家付款"的订单，由客服与买家进行交流，适当进行催单，以买家完成付款为有效订单；若买家最终放弃交易，可由买家取消订单或等待系统自动关闭订单。

2. 等待发货

对于"等待发货"的订单，由客服与买家核对客户收货地址是否正确，同时确认客户备注信息（如快递偏好、附加要求）等。经过核对，确认无误的订单为有效订单，需在系统中做好登记，以便仓库发货；如有误，则应立即与买家确认正确信息，修改订单信息后，通知仓库发货。

图6-31所示为有效订单。

图6-31　淘宝订单详情

第三步：打印淘宝网店订单

小张在"卖家中心-物流管理-发货"中，看到订单有三种状态：等待发货的订单、发货中的订单、已发货的订单，见图6-32。

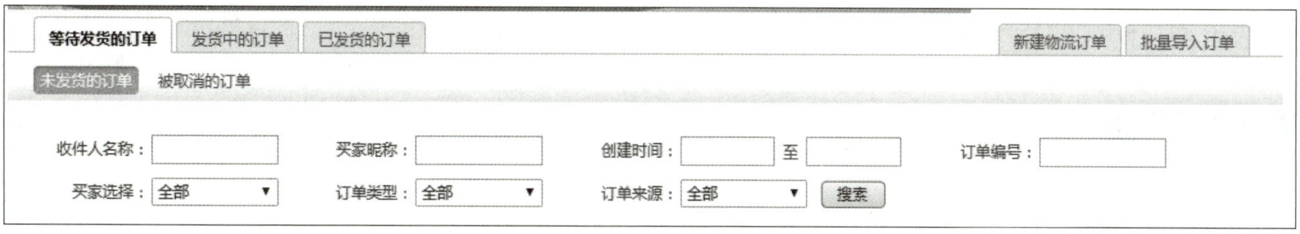

图6-32　淘宝发货订单状态

为了使仓库物流岗位人员快速完成商品发货，工作人员正在打印订单单据，见图6-33。

图6-33 工作人员打印订单

💡 **想一想**

> 网店打印订单时，可以打印哪些单据呢？

活动评价

评价项目	自我评价		教师评价	
	小结	评分	点评	评分
1. 会查询淘宝订单信息（25分）				
2. 了解淘宝订单状态（25分）				
3. 能够进行订单有效性审核（25分）				
4. 能够打印淘宝订单（25分）				
合　计				

活动二　订单配货

活动描述

小张来到电商创业园区内一家综合型电商企业仓库的配货区，发现配货组工作人员拿着单据不停地行走于不同仓库区域拣取货品。看着各种货品，小张甚是好奇，怎样才能既快速又准确地拣选出客户购买的货品呢？

活动实施

第一步：准备拣货配货单据及工具

小张看到配货组工作人员穿梭于仓库区拣取货品，快速而井然有序地完成配货工作。那么配货是如何完成的呢？

📘 知识链接 ▶▶▶

货品定位与拣选方法

1. 货品定位方法——四号定位法

四号定位法：用四个号码来表示货品在仓库中的位置的一种物资存储管理办法。这四个号码是：货号（库内货区代号）、架号（货架、货柜代号）、层号（货架或货柜的层次代号）、位号（层内货位代号）。用这四个号码对库存物资进行编号，通过查阅物资的编号，就可以知道该物资存放的具体位置。

2. 常见拣货方法

（1）单张订单拣货。单张订单拣货是指针对每张订单，作业人员巡回于仓库内，按照订单上所列商品及数量逐一从仓库储位拣出，然后集中在一起的一种拣货方式。拣货单据准备：审核有效订单后打印（也可手填）发货单、配货单、快递单。

（2）批量订单拣货。批量订单拣货是指将多张订单集合在一起，按商品品种类别将数量汇总后再进行一次性拣取，然后以不同客户或不同订单分类集中的一种拣货方式。

常见拣货工具见图6-34。

图6-34　常见拣货工具

🕐 知识加油站 ▶▶▶▶

摘果式分拣与播种式分拣

单张订单拣货一般采用摘果式分拣方式。摘果式分拣是指根据每一份用户订单的要求，作业人员或拣货机械巡回于仓库内，按照用户订单或拣货单拣取每一种货品，当订单内所有货物都拣取完毕，就表示完成一个客户的订单拣取，然后将拣出的货品搬运至指定的位置。

批量订单拣货一般采用播种式分拣方式。所谓播种式分拣，是指将每批订单上同种货物各自累加起来，从储位上取出，集中搬运到分货区后，像在田野中播种一样，把货物分放到每个客户的暂存区。

👆 想一想

拣货（配货）准备工作中需要注意什么呢？

议一议

请分析以下配货单与拣货单的有效信息，见图6-35、图6-36。

编号	名称	规格	数量	仓位	数量分布
HZYS0005	雅诗兰黛　抚痕抗皱精华露50mL	50mL	1	A2	（1）×1
HZQB0002	倩碧　醒肤活力修护晚霜50mL	50mL	3	A2	（3）×1，（4）×1，（5）×1
HZQB0004	倩碧　特效润肤露200mL	200mL	1	A2	（2）×1

图6-35　配货单

编号	名称	规格	数量	仓位	数量分布
NZLQ0011	三色65%丝蛋糕摆短袖连衣裙长上衣	紫M	1	A3	（1）×1
NZLQ0007	小碎花钻饰多层短袖连衣裙	粉红XL	1	A3	（5）×1
NBXK0003	Mickey米奇　蝴蝶结皱褶斜挎包B4377	白	3	A3	（3）×1，（4）×1，（5）×1
SPJZ0001	Queens silver 925纯银镶戒指R1610	琥珀	1	A5	（6）×1
ZP0002	聪明化妆小技巧	32开	3	A6	（3）×1，（4）×1，（5）×1

打印时间：2024-05-13 19:36:29

图6-35　配货单（续）

IBAY365——跨国贸易在线ERP eBay第三方工具

2024-08-18　　　　　　　　　拣货单

备注	订单号	商品名称	数量	发货物流	跟踪号
称重	2741879	女C01-C-299灰-S	1	中邮平邮	
称重	2741899	宠爱有佳XX005蓝M号	1	中邮平邮	
称重	2741909	左龙zL-000124珍珠大花-…	1	中邮平邮	
称重	2741923	美风3410红（配腰带-2XL	1	中邮北京挂号小包	
称重	2741940	琪琪T08120-单眼黄	1	中邮平邮	
	2741977	英博157491图色-G	1	中邮平邮	
称重	2742022	宠爱有佳CAYJ511（海军蓝-S	1	中邮平邮	
称重	2742026	宠爱有佳CA075黄皮卡丘-XS	1	中邮平邮	
称重	2742032	琪琪T08261-黑+金字	1	中邮平邮	
称重	2742046	宝453-1-578红（配胸花-S	1	中邮平邮	
	2742063	哈吉HJ-棉背心绿-XL 哈吉HJ-棉背心粉-XL	1 1	中邮平邮	
	2742071	哈吉HJ-棉背心紫-M	1	中邮平邮	
称重	2742090	左龙zL-000124珍珠大花-…	1	中邮平邮	
称重	2742099	恋尚爪子棉拖长颈鹿-成人…	1	中邮平邮	
称重	2742108	谷狗水果裙-红-M 谷狗水果裙-黄-M	1 1	中邮平邮	
	2742143	哈吉HJ-棉背心粉-L	1	中邮平邮	
称重	2742153	玛德利C885红-XL	1	中邮平邮	
称重	2742155	谷狗爱心裙-玫红XXL	1	中邮平邮	
	2742161	女B20-2880玫红-4XL	1	E邮宝	LK753794006CN
称重	2742164	谷狗2015世界杯-葡萄牙XS	1	中邮平邮	
称重	2742171	至用A-24蝴蝶杯垫-蓝	2	中邮平邮	
	2742172	布洛蒙4380青灰-L	1	英国专线	
称重	2742224	万顺爱妈妈-黑11cm	1	中邮平邮	
	2742254	恋依E0002-耳环	1	中邮平邮	
称重和客户 确认要什么颜色	2742255	左龙889亮片蝴蝶结发卡-白 左龙889亮片蝴蝶结发卡-玫红 左龙889亮片蝴蝶结发卡-紫 左龙889亮片蝴蝶结发卡-黑 左龙889亮片蝴蝶结发卡-绿 左龙889亮片蝴蝶结发卡-金 左龙889亮片蝴蝶结发卡-粉红	1 1 1 1 1 1 1	中邮平邮	
称重	2742256	万顺公主凉鞋白色-11cm	1	中邮平邮	

第1页

图6-36　拣货单

第二步：实施拣货过程

小张看到配货组工作人员手拿单据，推着拣货小车，快速有效地进行拣货。那么拣货过程具体是如何实施的？

电商企业物流（仓储）拣货/配货一般操作流程如下：

（1）仓库订单员第一时间将已经完成的配货单/拣货单打印出来，并放置到特定文件夹中。

（2）配货组工作人员领取配货单/拣货单，并在文件夹上签字确认。

（3）配货组工作人员根据拣货单/配货单信息，选取合适的拣货方法，拣货时必须先查看配货单/拣货单上是否有注意事项，如有，需按照注意事项拣货。

（4）配货组工作人员在拣货时，要注意核实货架上货品数量是否正确。

（5）配货组工作人员按照配货单/拣货单明细进行拣货，并在有货的商品处打"√"，必须保证与配货单商品信息一致。

（6）配货组工作人员在拣货完毕后，必须在配货单/拣货单上签字确认，然后将已拣货品和发货单/快递单一起放在分拣箱里，放到待扫描区域，图6-37为拣货作业示意图。

图6-37　拣货作业示意图

 知识加油站

拣货作业注意事项

（1）拣货时要仔细核对货位、商品名称与商品数量，杜绝错拣、少拣、多拣的现象发生。

（2）严格按照先进先出的规则拣取商品，避免在拣货过程中将货位内的商品弄乱。

（3）拣拿商品时要轻拿轻放，避免在拣货过程中造成商品损坏。

试一试

请大家通过网络资源深入了解摘果式和播种式拣货方法，尝试归纳两种拣货方法的区别，将答案填入下方横线。

1. _____

2. _____

3. _____

4. _____

5. _____

6. _____

活动评价

评价项目	自我评价		教师评价	
	小结	评分	点评	评分
1. 掌握货品定位与拣选方法（25分）				
2. 了解常见拣货工具（25分）				
3. 了解摘果式分拣和播种式分拣（25分）				
4. 能够进行拣货/配货操作（25分）				
合　计				

活动三　打包发货

活动描述

　　小张来到电商创业园区一家综合型电商企业仓库，在商品出库环节，看到包装作业区的工作人员正对不同的商品进行包装、封箱。于是，他想学习商品包装的操作与要求，为以后自己店铺发货做好准备。

活动实施

第一步：扫描核单，完成复核

　　完成按订单配货工作后，拣选好的货品并没有直接进入包装作业区进行包装，小张看到工作人员首先对单据与货品进行核对，确认订单所需的货品与拣选货品一致。

　　复核主要是将每个客户的货品与其销售订单、发货单及快递单进行核对，主要包括复核出库单据、复核商品账卡、复核实物三个步骤。

　　（1）复核出库单据与拣货箱里的货品信息是否一致。

　　（2）复核商品账卡与实际库存是否一致。

　　（3）复核实物是否符合发货要求。

　　复核可以使用扫描枪（见图6-38）或人工核对。

图6-38　使用扫描枪复核

第二步：包装商品

小张了解到，在包装作业时，需要根据商品的不同属性选取合适的包装材料进行安全、便捷的包装，同时这也能最大限度地节约包装成本。

📖 **知识链接** ►►►

包装材料与防震包装

1. 包装材料

包装材料是指制造包装容器和满足产品包装要求所使用的材料。包装材料的选择十分重要，因为它直接关系到包装的质量和包装费用，有时也会影响运输、装卸搬运和仓储作业的进行。

2. 防震包装

防震包装又称缓冲包装，在包装方法中占有重要的地位，是确保产品从生产出来到开始使用，经过运输、保管、堆码和装卸等环节，不受到损伤的包装方法。防震包装包括全面防震包装、部分防震包装、悬浮式防震包装、充气式防震包装等。

1. 根据商品属性，准备包装材料（可登录www.1688.com查询更多）

（1）服装类商品，不怕挤压、变形、损坏，无须采用特殊防护包装，使用物流袋即可。

（2）鞋帽类商品，自带纸盒，无须采用特殊防护包装。

（3）化妆品类商品，需做防渗漏、防摔防震包装处理，一般会用到纸箱、气泡膜、防震棉、气柱袋（见图6-39）。

（4）灌装、玻璃瓶装商品，需做防渗漏、防摔防震包装处理，一般会用到气柱袋、气泡膜。

图6-39 气柱袋

2. 将货品与单据、赠品等装袋密封

（1）将货品与发货单/发票、退换货卡、赠品等放入快递袋或纸箱。快递袋在封口处预装有自粘胶条，方便直接使用；对于纸箱，则需使用封胶器（见图6-40）在封口处贴上封箱胶带。

（2）对于本身无自身外包装的货品，必须先用内包装袋（见图6-41）包装好再放进快递袋或纸箱。

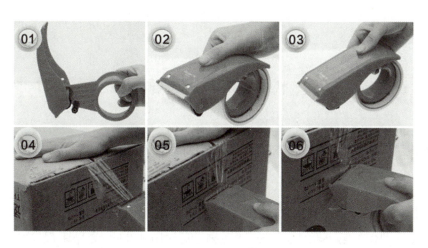

图6-40 封胶器

图6-41 内包装袋

3．贴快递单

将已打印好的快递单贴在封好的快递袋或纸箱正面，快递单应张贴在封袋胶带或封箱胶带中间处，防止快递袋或纸箱被私自拆开，如图6-42、图6-43所示。

图6-42　快递袋包装

图6-43　纸箱包装

4．称重

将包裹放置于电子秤上，核查包裹重量是否有误，以避免出现配货差错。

（1）使用人工拣货时，商品一般不会超重。如出现超重导致邮费增多的情况，客服需与买家做好说明与沟通，请其补邮费。

（2）使用分拣系统处理时，系统会自动核算货品重量与相应的邮费及包邮条件，在买家提交订单时已计算快递费用，打包员选择合适的包装材料打包即可。

5．包裹分类

将已打包好的快递包裹，按照不同快递公司进行分类集中暂存，便于快递员进行交接取件。

想一想

水果类商品该如何包装？需要哪些特殊的包装材料呢？

第三步：发货交接

商品已经包装好了，剩下的环节是发货交接。小张要了解如何根据不同客户的要求与货物性质选取合适的物流合作伙伴，将货物快捷、安全地送到客户手上。

一、电商物流配送

在电商行业中，物流配送主要分为邮局发货、快递发货、货运发货三种方式。

1．邮局发货

邮局发货主要包括国内特快专递（EMS）、国内经济快递与邮政国内小包三种形式。

2．快递发货

快递公司最大的特点是采用门对门收发货的方式，可选择的公司众多，包括顺丰、四通一达等。因投递速度快、邮件跟踪服务到位、投递范围广等，快递已成为电子商务交易中最常用的发货方式之一。

3．货运发货

货运发货包括公路运输、铁路运输和航空运输三种类型，短途一般采用公路运输和铁路运输，长途采用铁路运输和航空运输。货运公司的发货方式相对于邮局和快递的发货方式来说相对较少，其一般适用于一些货量较大的卖家。

二、货物交接

货物交接包括联系物流公司、等待取件、当面清点交接、上报快递单号四个环节。

（1）电商仓库发货人员完成商品包装后，等物流、快递公司上门收件，完成货物的交接工作。

（2）电商仓库发货人员登录店铺，进入"卖家中心—已卖出宝贝—等待发货—发货"，录入快递信息，便于客户查询物流状态。

 时事看点

5G规模化应用"扬帆"行动升级方案（部分）

为深入贯彻习近平总书记关于加快5G发展的重要指示精神，落实党中央、国务院决策部署，大力推动5G应用规模化发展，加快培育新质生产力，带动新一代信息技术全方位全链条普及应用，壮大经济社会高质量发展新动能，制定本行动方案。

一、总体要求

以习近平新时代中国特色社会主义思想为指导，深入贯彻落实党的二十大和二十届二中、三中全会精神，统筹高质量发展和高水平安全，发挥5G牵引作用，着力推动数字技术融合创新，实现更广范围、更深层次、更高水平的多方位赋能，持续增强5G规模应用的产业全链条支撑力、网络全场景服务力和生态多层次协同力，支撑新型工业化和信息通信业现代化，为建设网络强国、推进中国式现代化构筑坚实物质技术基础。

到2027年底，构建形成"能力普适、应用普及、赋能普惠"的发展格局，全面实现5G规模化应用。

（1）5G规模赋能成效凸显。5G个人用户普及率超85%，5G网络接入流量占比超75%，5G新消费新体验不断丰富。面向工厂、医院、景区等重点行业领域打造一批5G应用领航者，带动行业数字化转型升级。5G物联网终端连接数超1亿，大中型工业企业5G应用渗透率达45%。

（2）5G产业供给不断丰富。5G-A国际标准参与度持续深化，5G国内行业标准体系加快完善，5G融合应用标准超150项。5G融合应用产业体系不断健全，5G与数字技术融合持续深入，芯片模组、行业终端、虚拟专网、共性能力平台等关键环节供给能力升级，打造形成超1 000款创新行业终端模组产品。

（3）5G网络能力显著增强。5G覆盖广度深度不断拓展，每万人拥有5G基站数达38个，5G网络驻留比超85%，全面支持IPv6技术。按需推进5G网络向5G-A升级演进，全国地级及以上城市实现5G-A超宽带特性规模覆盖。建成7万个5G行业虚拟专网，带动5 000个边缘计算节点建设，构筑"通感算智"深度融合的新型数字底座。

（4）5G应用生态加速繁荣。推动建设一批5G应用规模发展城市，培育200家5G应用解决方案供应商，打造50个特色鲜明的5G应用创新载体。面向重点领域锻造5项以上5G应用安全标杆，构建与5G发展相适应的安全保障体系。大中小企业融通发展、梯度成长的良好态势逐步形成，全球开放合作生态日益完善。

二、应用升级，推动多方位深度赋能

……

三、产业升级，构筑全链条发展支撑

……

四、网络升级，提升全场景服务能力

……

五、生态升级，强化多层次协同创新

……

六、保障措施

……

想一想

在货物交接的四个环节中，有哪些细节需要注意呢？

活动评价

评价项目	自我评价		教师评价	
	小结	评分	点评	评分
1. 了解复核的三个步骤（25分）				
2. 能够根据商品属性选择包装材料（25分）				
3. 能够合理选择电商物流配送方式（25分）				
4. 了解货物交接的四个环节（25分）				
合　　计				

项目总结

通过本项目的学习，学生应能熟练借助互联网查询电商物流相关信息，了解电商物流的模式、类型，认识电商物流岗位分工与职责，熟悉电商物流发货过程的主要流程，初步掌握拣货、配货、打包、称重、联系快递等物流流程的基本操作，为后续网店运营打好基础。

项目练习

一、选择题

1. ( ) 从配送中心到运输队伍，全部由电商企业自己整体建设，它将大量的资金用于物流队伍、仓储体系建设。

　　A. 自建物流模式　　　　　　　　　B. 半外包物流模式

　　C. 第三方物流模式　　　　　　　　D. 第四方物流模式

2. 物流App "菜鸟" 是由 ( ) 推出的手机物流服务查询软件。

　　A. 京东商城　　　B. 1号店　　　　C. 当当网　　　　D. 菜鸟网络

3. ( ) 属于电商物流相关岗位。

　　A. 网页美工　　　B. 网页设计　　　C. 仓储管理　　　D. 售后服务

4. 电子商务物流模式包括 ( )。

　　A. 自建物流模式　　　　　　　　　B. 网络+实体连锁物流模式

　　C. 第三方物流模式　　　　　　　　D. 第四方物流模式

5. 电商物流部主要负责 ( ) 等工作。

　　A. 进货、收货　　B. 上架、盘点　　C. 拣货、包装　　D. 订单处理

6. 下图所示的拣货方式为 ( )。

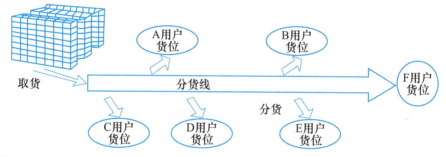

　　A. 摘果式拣货　　B. 播种式拣货　　C. 逐件拣货　　　D. 成批拣货

7. 下图所示的拣货方式为 ( )。

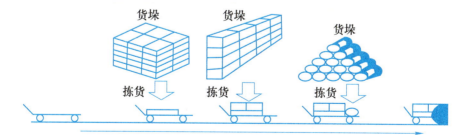

　　A. 摘果式拣货　　B. 播种式拣货　　C. 逐件拣货　　　D. 成批拣货

8. 发货作业管理中涉及的单据有 ( )。

　　A. 销售订单　　　B. 验收单　　　　C. 发货单　　　　D. 配货单

　　E. 快递单

9. 扫描核单主要包括 ( ) 等三个步骤。

　　A. 复核出库单据　　　　　　　　　B. 复核商品账卡

C. 复核实物　　　　　　　　　　D. 复核贷款金额

E. 复核包装质量

10. 可以作为包装填充物使用的有（　　　）。

　　A. 纸丝　　　　B. 珍珠棉　　　　C. 气泡袋　　　　D. 气泡膜

　　E. 报纸

11. 打包封箱的操作要求包括（　　　）。

　　A. 避重就轻　　B. 严丝合缝　　C. 原封不动　　D. 表里如一

　　E. 灵活打开

12. 发运交接环节主要包括（　　　）等4个步骤。

　　A. 联系快递公司　　　　　　　B. 等待取件

　　C. 打包封箱　　　　　　　　　D. 当面清点交接

　　E. 上报快递单号

二、判断题

1. 物流公司和快递公司都是配送货物的服务公司，两者没有什么区别。　　（　　）

2. 单张订单拣货一般采用摘果式拣货方式。　　　　　　　　　　　　　　（　　）

3. 销售包装的作用主要是可以保护货物在长时间和远距离的运输过程中不被损坏或散失，以方便货物的搬运、储存和运输。　　　　　　　　　　　　　　　　　　　　（　　）

4. 一些重量不轻，而且对防震要求又很高的商品，最好是采用纸箱来包装。　（　　）

三、实践题

1. 简述电商企业发货作业流程，并能够按照流程与操作要点绘制流程图。

2. 如果让您给1 000g的樱桃进行包装和发货，您该如何处理？

3. 如果让您给玻璃容器商品进行包装和发货，如酱油、醋等，您该如何处理？

项目六
电商物流

项目七

网店开设

项目简介

本项目中，我们将熟悉网店开设的流程和店内分工，认识电商法规和存在的安全隐患，学习商品的定价和上架方式，运用安全技术来防治安全隐患，增强安全意识。学生可结合互联网查找、案例分析等手段，完成本项目的学习。

项目目标

知识目标

- 了解电商平台的规则及开店流程。
- 了解电商编辑部门相关岗位及职责。
- 了解网络欺诈的形式。
- 了解商品定价的策略及商品上架的方法。

能力目标

- 能够根据商品特点对商品进行简单描述。
- 能够准确辨析网络欺诈手段，灵活运用辨识虚假信息的技巧。
- 能够灵活运用商品定价策略，合理设定商品价格，并成功将商品上架销售。

素养目标

- 培养遵守电商平台规则的职业操守，确保店铺运营合规。
- 增强网络安全意识，保障交易安全。

任务一

开店准备

任务介绍

在这一任务中，我们将学习与梳理关于网店开设的一些基础知识，使学生们对淘宝中的网店有基本的认知。通过活动一"平台开店"，学生应了解电商平台的开店规则，并能根据规则开设网店；通过活动二"商品定价"，学生应了解产品的定价方法和定价策略，学会对商品进行定价。

活动一　平台开店

活动描述

经过前述学习，小张对电子商务有了基本的认知，并且也了解了网店各岗位的基本工作流程。父母希望他能帮忙尽快把网店开设起来，可是小张很困惑，不知道从何下手，也不知道要准备些什么。下面让我们跟着小张一起去学习淘宝中网店是怎么开设的吧！

活动实施

第一步：开店的前期准备

小张虽然有过在电商平台的购物经历，但要说起开设网店却是一头雾水。小张打开淘宝网，尝试着开店，可是发现自己并没有账号，于是他注册了淘宝账号。注册时，小张输入了"手机专卖"的名字，发现不能注册，这让他摸不着头脑，于是他开始了解开店规则。

📖 知识链接 ▶▶▶

淘宝平台规则总则（节选）

第九条　注册

会员应当根据淘宝平台的流程和要求完成注册，会员名注册后，每年仅可修改一次。

会员可将会员账户与其支付宝账户绑定，符合一定要求可更换绑定的支付宝账户。

会员账户如为不活跃账户等情形的，淘宝可进行回收。

第十条　认证

会员应当根据淘宝平台的认证要求，提供会员本人（含自然人、法人及其负责人、非法人组织及其负责人等，下同）真实有效的信息。

（1）会员应当提供的信息包括但不限于：本人身份信息、本人实人信息、有效联系方式、真实地址、经营地址、市场主体登记信息、支付宝相关信息以及其他法律法规规定需要提供的认证信息证明身份真实性、有效性、一致性的信息。会员提供的本人信息不完整、失效或可能不准确的，淘宝可不予通过认证。

（2）为保障会员认证信息的持续真实有效，淘宝可对已通过认证的会员信息进行复核。

第十四条　开店与退出

会员在淘宝网开店或退店应遵守以下要求：

（1）开店。会员满足相关条件后，方可根据淘宝网设置的流程创建店铺。正常情况下，一个会员作为卖家仅能开设一个店铺，具备一定持续经营能力、满足一定经营条件的诚信卖家，可享有开设多店的权益，详见《淘宝网开店规范》。

（2）店铺信息设置。卖家在设置店铺名、店铺域名、店标、店铺介绍等店铺信息时应遵守《淘宝网店铺命名及信息规范》。

（3）店铺经营主体变更。卖家满足一定条件可进行店铺经营主体变更，详见《淘宝网店铺经营主体变更规范》。

（4）退店。卖家主动注销店铺或被淘宝网按照相关规则彻底释放店铺、关闭店铺、查封账户的，店铺对应的店铺名及域名可供其他卖家申请使用，详细可参照《淘宝网退店规范》。

第十五条　保证金

卖家应根据《淘宝网保证金管理规范》缴存保证金用以担保对消费者保障服务承诺以及淘宝网相关协议、规则的履行和遵守。

第十六条　资质备案

卖家发布需要准入的商品或服务信息时，应当根据相关规则及系统设置要求提交资质材料，通过淘宝网备案或审查。

以淘宝网开设网店为例，申请开通网店，需要提早做好的准备有以下三个：注册淘宝账户、完成支付宝实名认证和配置硬件设备。之所以要做好这些准备，是因为网店运营涉及资金在线交易，支付宝实名认证能够保证交易者账户的安全性与可靠性，而硬件设备是网店日常运营和商品展示的物质基础。

1. 注册淘宝账户

打开淘宝网，单击"免费注册"。注册账户包含个人注册和企业注册。目前，淘宝网个人注册默认的账户验证方式为手机验证，输入手机号码后，淘宝网将会以短信的方式将验证码发到用户的手机上，用户将收到的验证码输入验证即可，验证通过后便可进入注册页面填写账号信息、设置支付方式，完成注册，见图7-1。

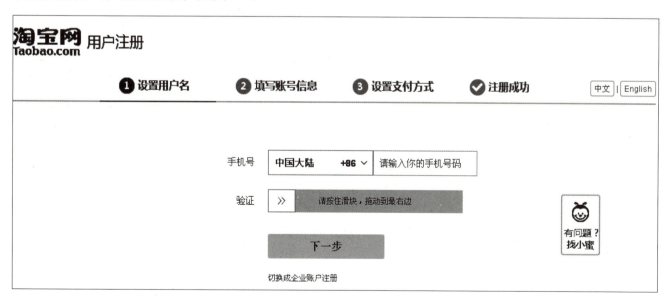

图7-1　淘宝网个人注册账户操作

个人店铺是指通过个人身份认证开设的店铺，只要进行个人信息填写即可完成注册。企业店铺则是通过营业执照认证开设的店铺，企业开店需要上传营业许可证等资料。如果是企业开店，则可以在最下方切换为企业用户注册，企业开店务必选择电子邮箱进行注册，见图7-2。成功提交邮箱后，需要输入一个手机号码进行校验，该手机号码以前被注册过也没关系，因为仅起到校验功能。注册完成后，应及时查收邮件，需要在24小时内进入邮箱完成激活，见图7-3。

图7-2　企业账户申请使用电子邮箱

图7-3　企业账户注册进入邮箱完成激活

2. 完成支付宝实名认证

支付宝实名认证是由支付宝（中国）网络技术有限公司提供的一项身份识别服务。通过支付宝实名认证后，相当于拥有了一张互联网身份证，可以在淘宝网等众多电子商务网站开店、出售商品；随着不断良性使用，可增加支付宝账户拥有者的信用度。

现在使用支付宝客户端扫描二维码，已经可在手机端快速操作认证相关业务（见图7-4）。

3. 配置硬件设备

需要准备智能手机或计算机作为操作工具，网店的开设、装修和经营都需要通过App和计算机软件的辅助来实现。因此功能齐全的智能手机和计算机是必不可少的。如果想要进行商品的拍摄，还需要配备相关的摄影设备，如相机、闪光灯等。

图7-4　支付宝实名认证

想一想

请同学们思考并结合网络搜索，网店开设对年龄的要求是多少？

第二步：了解开店流程，尝试开设网店

填一填

请尝试通过网络搜索，查找以个人身份开设网店的流程，并将流程补充完整（见图7-5）。

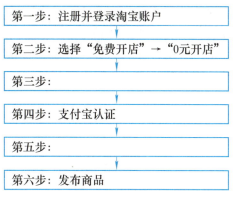

第一步：注册并登录淘宝账户

第二步：选择"免费开店"→"0元开店"

第三步：

第四步：支付宝认证

第五步：

第六步：发布商品

图7-5　网店开设流程图

知识链接 ▶▶▶

网店

网店，作为电子商务的一种形式，是一种能够让人们在浏览的同时进行实际购买，并且通过各种在线支付手段进行支付完成交易全过程的网站。目前常说的网上商店，也称为网店，通常是指建立在第三方提供的电子商务平台上的，由商家（包括企业或个人）自行开展电子商务的一种形式。

在电子商务发展的早期，一些网上零售网站也称为网上商店，如当当网上书店、亚马逊网上书店等。随着这些网上零售网站的快速发展，其经营商品品种越来越多，规模也越来越大，因此这些独立的电子商务网站通常都不再称为网上商店，而改称"网上商城"了。一些大型电子商务网站除了自己销售产品之外，也可能为其他企业提供租用网上商店或者开设网上专卖店的业务。

如何开通网店，以淘宝系店铺为例，具体操作步骤如下。

（1）打开淘宝网，登录淘宝账户，单击"免费开店"，见图7-6。

图7-6　单击"免费开店"

（2）单击"0元开店"，见图7-7。

图7-7 单击"0元开店"

（3）填写店铺信息。起一个容易记忆的店铺名，并确认开店账号与协议信息，见图7-8。

图7-8 填写店铺信息

（4）支付宝认证。上传经营者身份证件并按照页面提示完成支付宝绑定/认证，见图7-9。

图7-9　支付宝认证

（5）实人扫脸。开店主体本人进行人脸识别验证，见图7-10。

图7-10　实人扫脸

（6）发布商品。发布商品，获得新商专属权益（如超过5周未发布商品，店铺将被删除）。

理一理

开网店的过程中，同学们遇到了哪些问题？请整理出来并列在表7-1里。

表7-1　网店开设问题

1. 注册淘宝账户	
2. 支付宝实名认证	
3. 淘宝开店认证及创建店铺	

想一想

请同学们思考，网上开店和开设传统实体店有什么联系与区别？

知识加油站

京东商城

京东（JD.COM）是中国最大的自营式电商企业，京东集团旗下设有京东商城、京东金融、拍拍网、京东智能、O2O及海外事业部。2014年5月，京东在美国纳斯达克证券交易所正式挂牌上市（股票代码：JD），是中国第一个成功赴美上市的大型综合型电商平台，与腾讯、百度等中国互联网巨头共同跻身全球前十大互联网公司排行榜。京东商城首页见图7-11。

图7-11　京东商城首页

想一想

请您通过网络搜索，查询在京东商城开店的流程。与在淘宝网开店相比，二者有什么异同？

活动评价

评价项目	自我评价		教师评价	
	小结	评分	点评	评分
1. 对开设网店的规则和要求有基本了解（25分）				
2. 清楚开店之前需要准备的内容（25分）				
3. 熟悉网店的定义（25分）				
4. 能说出开设网店的大致流程（25分）				
合　计				

活动二 商品定价

活动描述

小张终于把网店开了起来，但是作为一个新店，需要为店铺进货，并将货品放上网店出售，那么如何给商品定价就成为小张需要解决的另一个问题。他怕商品价格定高了，没有客户；价格定低了，自己又会亏本。现在让我们和小张一起，通过了解定价方法和定价策略，来学习如何给商品定价。

活动实施

第一步：了解商品定位

为商品定价，价格定得过高，有可能会让卖家失去很多潜在客户；而价格定得过低，虽然能让卖家获得更多客户，但是卖家却有可能在行业内掀起一场价格大战，最后连实现收支平衡都变成了奢望。那么小张要如何为商品正确定价呢？

为了了解定价规律，小张观察了商业街附近的两家茶叶店铺。他发现，A店铺售卖的茶叶为500g/罐，150元。B店铺售卖同一种茶叶，分装了两种规格，50g/罐，15元；125g/罐，40元。B店铺的生意比A店铺要好上许多，明明是同一种茶叶，消费者却更愿意购买后者。小张开始思考，为什么会出现这样的现象呢？

📖 知识链接 ▶▶▶

商品定价

商品定价即商品在市场上的零售价格。定价从来不是一个孤立的行为，而是企业对产品定位的一部分。商品定价也体现了企业对产品结构布局的考虑，需要有一个清晰的规划。

一般来说，网店会设置5%～10%的商品用来引流，这些商品给客户的感觉就是超值。当这些引流商品销量提升后，可以设置很多关联销售。同时，也有10%～20%的商品定价较高，这些商品是用来提升店铺品牌形象的，也是为了满足一些优质客户对高端商品的需求。

商品定位一般采用五步法，下面我们用一件衣服来举例，商品见图7-12。

图7-12　新品童装

（1）目标市场定位。即明确目标客户，我们的商品是一件童装，目标客户一般为年轻妈妈。

（2）商品需求定位。在第一步的基础上细化分类，这件童装的分类类目是在女童秋冬服装下。

（3）商品测试定位。这一步要对客户认知做进一步分析，结合品牌的效果、市场的前景等因素，综合评估商品价值。

（4）差异化价值点定位。结合竞争态势和自身特点定价，例如，我们的商品在同类商品中设计突出、颜色合理，可以考虑定在中等价位。

（5）营销组合定位。商品上架后需要和店铺中的营销组合方案结合，如打折或降价销售。

 想一想

请访问小米手机的官网，分析一下各款手机机型的市场定位，并指出它们各自采用的定价方法。

第二步：理解定价策略，学会商品定价

小张明白了商品定位的重要性，也理解了定位的方法，可是当给每个具体的商品定价时，他还是困惑了。下面就让我们和小张一起学习网店商品定价的策略。

知识加油站

商品定价策略

1．低价策略

低价策略是网店营销定价中除了免费定价外，对消费者最具有吸引力的定价方式之一。低价策略的种类有：

（1）直接低价定价策略。

（2）折扣策略。

（3）网上促销定价策略。

2．心理定价策略

心理定价是利用消费者心理因素，有意识地将商品价格定得高些或低些。

3．差别定价策略

差别定价又称"弹性定价"，是一种"依赖客户支付意愿"而制定不同价格的定价法。

4．地区定价策略

地区定价策略是指企业在不同地区针对同一商品或服务制定不同价格的策略。这种策略主要考虑的是不同地区市场需求、消费能力和竞争状况的差异。对于卖给不同地区（包括当地和外地不同地区）客户的某种商品，企业需要决定是分别制定不同的价格，还是制定相同的价格。

5．组合定价策略

对于互补商品、关联商品，企业在制定价格时，为迎合消费者的某种心理，往往把有的商品价格定高一些，有的定低一些，以取得整体经济效益，我们将这种定价方法称为组合定价。

6. 新产品定价策略

新产品定价策略涉及以下三种类型：

（1）创新产品定价策略。

（2）改进产品定价策略。

（3）模仿产品定价策略。

理一理

结合商品定价策略，请根据不同商品的属性和特点，将它们进行正确归类，见表7-2。

表7-2　不同商品的定价策略

百度文库的文章付费下载	
"双十一"的五折服装	
一万元的皮包	
软件提供部分可使用的功能	
定制鲜花	
视频网站付费点播的电影	

想一想

有没有商品可以同时满足低价策略和个性化定制定价策略呢？如果有的话，请您列举一下。

活动评价

评价项目	自我评价		教师评价	
	小结	评分	点评	评分
1. 了解商品定价的大致含义（30分）				
2. 能归纳商品定位五步法（35分）				
3. 理解商品的6种定价策略（35分）				
合　计				

任务二
网店开业

任务介绍

在这一任务中，我们将学习和网店开业相关的基础知识，让大家了解网店开业后的一系列工作内容。通过活动一"商品上架"，掌握网店商品上架的基本步骤；通过活动二"网编体验"，了解网店编辑的日常工作内容并进行体验。

活动一 商品上架

活动描述

小张准备开始进行商品上架了，但是上架过程中有很多信息项需要填写，小张还有些疑惑。那么，下面让我们和小张一起，学习网店商品上架的流程，把宝贝都放到店铺里去吧！

活动实施

了解商品上架流程，学会上架商品

在淘宝店铺后台上架商品需要填写很多信息，小张打开了页面，准备学习如何上架，我们和他一起来看看吧！

（1）登录淘宝账户，进入"卖家中心—发布宝贝"，见图7-13。

图7-13 卖家中心

（2）选择商品发布方式，默认显示"一口价"方式。"一口价"是将商品价格设置为固定价格发布，而"拍卖"则无固定价格，由买家竞价来购买，见图7-14。

图7-14 宝贝发布方式

（3）选择商品所属类目后，单击"我已阅读以下规则，现在发布宝贝"。这里需要注意的是，要快速找到商品的类目。可以在类目选择页面中的类目搜索框内输入需要发布商品的关键信息，然后进行类目搜索，见图7-15。

（4）填写商品基本信息，包括商品的类型、标题、价格、采购地等信息，也包括商品的主图、长图等图片，还需要对商品进行详细的描述。

（5）选择商品的物流服务、售后保障信息和其他信息后，单击"发布"，该商品就发布成功了。

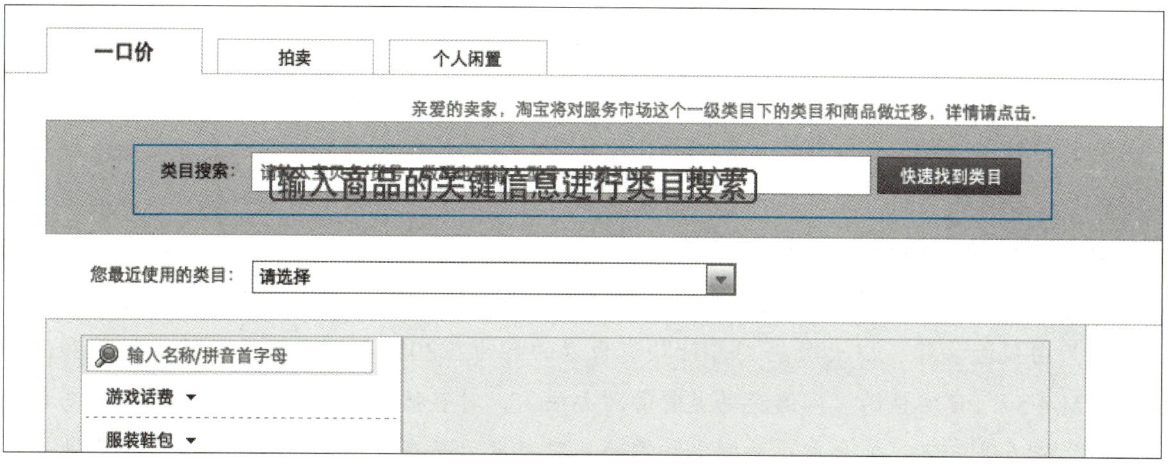
一口价
拍卖
个人闲置
亲爱的卖家，淘宝将对服务市场这个一级类目下的类目和商品做迁移，详情请点击.
类目搜索:
输入商品的关键信息进行类目搜索
快速找到类目
您最近使用的类目:
请选择
输入名称/拼音首字母
游戏话费
服装鞋包

图7–15　输入商品关键信息来搜索类目

知识链接

一口价

一口价是指一个固定、不可协商的价格。例如，您是卖家，您设定一个价格，顾客觉得合适就买，不合适就不买，没有议价的余地。当别人提出一口价，比如400元，少一分也不会卖，根本没有讨价还价的余地，这就是一口价。

想一想

在发布商品时，对于商品类目的选择非常重要，请您想想我们应如何查找商品的类目。

试一试

请您登录自己的淘宝店铺后台，试着上架一个商品，商品见图7-16。

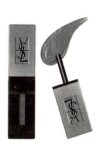

图7–16　上架商品

教育看点

新模式破土而出　健全电商规范发展

2021年4月8日，在商务部例行新闻发布会上，商务部新闻发言人表示，2021年，商务部将针对电商发展重点开展三点工作：一是加强顶层设计，制定电子商务“十四五”发展规划，统筹推进创新、升级、规范、安全等相关工作；二是完善制度建设，健全电子商务的法律体系。加快B2C电子商务平台、直播电商等相关行业标准的制定；三是推进电商的诚信建设，积极推进《电子商务企业诚信档案评价规范》的实施。

目前来看，线上消费不仅与人们日常生活息息相关，还是国内经济增长的重要构成。国家统计局数据显示，2020年全国网上零售额达117 601亿元，同比增长10.9%。

在庞大的数据背后，是电商数十年间的高速发展，直播、社交裂变等新业态、新模式纷纷破土而出。然而，各式各样的行业弊病却也一直潜伏在消费者周围。根据中消协的统计，经营性互联网服务在2020年位于细分领域投诉第一，达到5.97万件。

随意涨价、泄露个人信息、大数据"杀熟"、货不对版、刷单造假、强制"二选一"……以"创新"为由规避法律，以大数据"算计"消费者的行为在2021年迎来更为严格的规范和治理。例如，2021年5月1日实施的《网络交易监督管理办法》，对直播带货、网店刷单、虚假交易评论和"二选一"行为进行了明确要求，并制定相应的处罚规定。而商务部发布的《电子商务企业诚信档案评价规范》也于2021年5月1日正式实施，企业的基础信息、经营信息、公共信用信息和市场信用信息等将更加"阳光"，方便公众进行查询。

"鼓励创新""包容审慎""优化监管"成为引导2021年电商领域发展的关键词。2021年3月25日，国家发改委、中央网信办等28部门联合发布的《加快培育新型消费实施方案》提及，对新业态新模式，坚持鼓励创新、包容审慎、严守底线、线上线下一体化监管的原则。同时，建立健全消费领域以信用为基础的新型监管机制，建设消费投诉信息公示系统，在全国范围内全面推开消费投诉公示工作。

国家统计局数据显示，2024年1-9月全国网上零售额达108 928亿元，同比增长8.6%。根据中消协的统计，经营性互联网服务在2024年三季度位于服务细分领域投诉第一，达到2.91万件。

活动评价

评价项目	自我评价		教师评价	
	小结	评分	点评	评分
1. 了解商品上架的流程（50分）				
2. 能进行商品上架（50分）				
合　计				

活动二　网编体验

活动描述

随着互联网的发展，各种类型的电子商务平台迅速增加，相应地，网店编辑从业人员数量也日益增加，网店编辑职位需求一直呈上升的趋势。下面就让我们一起了解网店编辑的岗位分工和日常工作流程吧！

活动实施

第一步：了解网编分工，明确岗位职责

网店编辑是在电子商务形势下应运而生的一个岗位，它不仅需要完成网店及商品信息的收集与整理，负责网店商品上架和下架工作，还要熟悉淘宝网等平台上的网店后台操作，根据商品特点，完成网店商品标题的编辑、修改及优化。

知识链接 ▶▶▶

网店编辑

1. 网店编辑的职责

负责收集与整理网店及商品信息，以及网店产品上架和下架工作。

熟悉淘宝等网店后台操作；根据商品特点，完成网店商品标题的编辑、修改及优化；撰写和优化网店商品主图、辅图及详情页的配图文字；维护店铺日常页面的文字。

完成商品促销文案的构思和撰写，能运用搜索引擎，挖掘关键字。

2. 任职要求

具有市场策划及文案工作经验，擅长网店编辑或销售型文案写作，有较强的文字编辑能力和策划能力，并且熟悉搜索引擎的使用。

熟练掌握网店平台知识、规则和网店管理的各项功能及工具；有美工基础，能熟练使用Dreamweaver、Fireworks、Photoshop等软件；掌握基本的HTML、CSS知识。

3. 电商编辑部门相关岗位及职责

对于不同的电商网站来说，编辑往往扮演着不同的角色。大型门户网站如新浪、搜狐、腾讯、网易等的编辑的职能划分得比较细；而小型网站的编辑则承担着内容采集、分类、编辑、审核等多项工作；此外，更多不同模式的电商企业如淘宝网、拍拍网等需要大量的编辑来从事网店的运作。电商编辑部门相关岗位及职责见表7-3。

表7-3 电商编辑部门相关岗位及职责

岗位名称	岗位职责
文案编辑	1. 负责新旧商品介绍、商品宣传的文案撰写，结合商品特点、定位，撰写相应的文案推广 2. 根据公司品牌运营推广需求，对促销活动、品牌策划、市场推广活动进行内容创意策划
美工编辑	1. 对公司的商品进行拍摄，对图片进行后期美化处理；结合商品特性制作图文并茂、有美感、能引起关注的描述模板，充分展现商品形象与特点 2. 定期制作促销图片和页面，配合店铺销售活动，美化、修改商品页面 3. 根据活动和季节定期更新店铺主图，突出和强调商品独特卖点
专题或栏目编辑	1. 能够独立负责相应栏目各版块文章的撰写与发布，并建立栏目的可复用性；制订不同生命周期的栏目建设方案并主导实施，策划制作品牌栏目 2. 通过优化相关商品服务，主导完成栏目外部合作，负责管理栏目的热心用户和版主
论坛编辑	1. 负责论坛专题策划及制作，论坛版块的运营和维护，论坛数据统计分析报告 2. 组织策划各类线上线下活动，提升论坛内容质量及活跃度，负责维护论坛核心用户和版主，并与用户建立良好的关系

💡 **想一想**

请登录招聘网站查询，确定"将商品实物图与针对性的文案结合，创作出具有较强竞争力的商品描述"具体对应于电商编辑部门的哪个岗位及相关职责。

第二步：了解网编工作流程，迅速适应岗位

每个想从事网店编辑工作的人首先需要了解岗位的工作流程，下面就一起来看看网编的工作流程及具体工作内容吧，见图7-17。

图7-17 电商编辑的工作流程

电商编辑部门在店铺整体的运作过程中起着至关重要的作用。对于一家网店来说，网店编辑在网店运营与商品销售过程中，起着承上启下的作用。

1. 商品图片的拍摄与处理

对于网店来说，商品拍摄这一环节至关重要，如何才能把商品真实、清晰地展现在买家的面前，是卖家必须掌握的一项基本技能。

完成对商品的拍摄后，需要对商品图片进行后期的处理与美化。一方面是为了使图片能够更加符合网店的要求；另一方面，可以通过软件对图片进行美化，修补图片，使其能更加吸引客户。

2. 商品信息采集和商品描述、编辑等工作

电商编辑部门要完成网店的信息资料收集，就需要对所负责网店及商品有一定的了解，认清自己的商品后，才能了解商品的目标消费群体。只有掌握了商品的基本信息，才能够在网店后台对商品信息进行更加准确的填写。所以，商品资料搜集与整理是网店编辑必须掌握的一项基本技能。完成商品信息采集后，需要对商品进行详细的描述，包括商品类别的选择、商品各种信息的填写，如商品属性信息、物流信息、售后信息等。

3. 商品标题关键字的优化

客户在淘宝网、拍拍网等网店进行购物的过程中，首要的环节就是对商品进行搜索。为便于买家搜索商品，卖家需要合理地对商品进行命名。一个好的商品标题能够为店铺争取到很大的流量，通过搜索商品标题或者类目进入的商品流量是免费的，优化商品标题的关键词，可以提高商品排名，获取点击率，带来转化率，见图7-18。

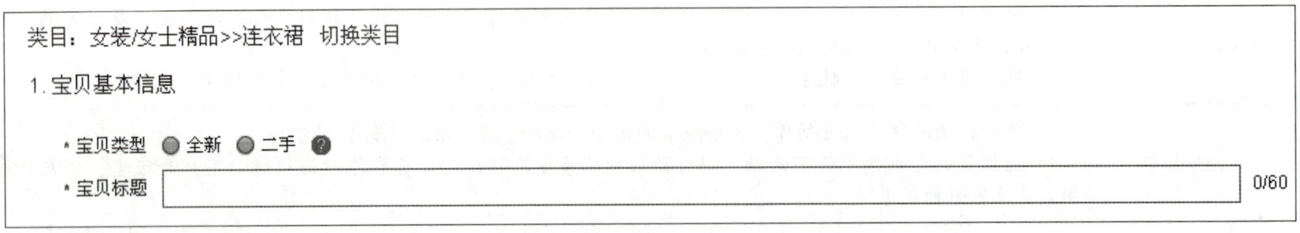

```
类目：女装/女士精品>>连衣裙  切换类目

1.宝贝基本信息

  *宝贝类型 ● 全新 ● 二手 ❓

  *宝贝标题 ┌─────────────────────────────────────────────┐   0/60
           └─────────────────────────────────────────────┘
```

图7-18 淘宝网中"女装/女士精品>>连衣裙"类目下的商品标题页面

4. 网店的发布与商品的上架

电商编辑部门要完成网店的发布，网店的发布过程涉及开设网店前的准备，选择合适的网店平台进行开店，以及在网店平台进行注册、申请店铺等。此外，电商编辑部门还需利用已有的商品信息来完成商品的上架工作。

5. 网店页面及商品信息日常更新与维护

电商编辑部门的基本工作贯穿于整个网店建立与运营的始终，因而其必须对网店页面进行实时的更新与维护，对商品信息与商品图片、促销活动进行不断更新。

📖 **知识链接** ▶▶▶

商品关键字、点击率与转化率

1. 商品关键字

关键字就是消费者在使用网店购物时输入的，能够最大限度地概括消费者所要查找商品的词语。对于网店来说，若商品涉及特定领域或类别，那个这一领域或类别就可以提炼出一个（更多时候会是多个）关键语。

2. 点击率

点击率是指网站页面上某一内容被点击的次数与被显示次数之比。它是一个百分比，反映了网页上某一内容的受关注程度，经常用来衡量广告的吸引力。如某网页被打开了1 000次，而该网页上某一广告被点击了10次，那么该广告的点击率为1%。

3. 转化率

转化率是指在一个统计周期内，完成转化行为的次数占推广信息总点击次数的比率。计算公式为：转化率=（转化次数/点击量）×100%。例如，10名用户看到某个搜索推广的结果，其中5名用户点击了某一推广结果并被跳转到目标URL上，之后，其中2名用户有了后续转化的行为。那么，这条推广结果的转化率就是（2/5）×100%=40%。

试一试 ● ● ● ●

请试着对比表7-4中左右两边关键词，选出你认为更好的那一个，并说明理由。

表7-4　关键词优化

T恤	T恤短袖韩版修身显瘦
Ugg意尔康啄木鸟雪地靴	Ugg男鞋正品羊皮毛雪地靴
男裤长裤直筒裤休闲裤商务裤	秋冬加绒直筒裤

💡 **想一想**

假设您想成为电商网站中的一名网店编辑，那么请对照电商编辑部门相关岗位及职责表，看看自己还需要学习哪些技能。

理一理

请进入智联招聘（https://www.zhaopin.com）、BOSS直聘（https://www.zhipin.com）等招聘网站，对关键词"网店编辑"进行搜索，了解电商编辑部门的岗位名称及职责，将搜索结果填入表7-5中。

表7-5 在招聘网站对关键词"网店编辑"进行搜索的结果

招聘网站名称	岗位名称	岗位职责	招聘公司
智联招聘	电商文案编辑	1. 负责规划公众号上电商栏目内容（美食、食材、厨具），固定更新引流到有赞商城，培养粉丝的电商购买习惯 2. 发掘寻找好的产品、与厂家合作方对接，根据客户提供的产品介绍，撰写相关的营销软文并引导用户形成购买 3. 负责有赞商城的搭建、维护，结合公众号的特点，与其他部门一起策划相关活动，为店铺引流，并通过个人号、微信群等为商城引流，形成购买	杭州某网络科技有限公司

活动评价

评价项目	自我评价		教师评价	
	小结	评分	点评	评分
1. 了解网编岗位中网站编辑和网店编辑的区别（25分）				
2. 了解网编的岗位分工，明确职责（25分）				
3. 了解网编的工作流程（25分）				
4. 了解网编的具体工作内容（25分）				
合　计				

任务三
防范网络欺诈

任务介绍

在这一任务中，我们将学习与梳理电子商务法规相关知识，使学生们对电商法规有初步的了解。通过活动一"买家防骗"和活动二"卖家防骗"分析学习电商法规相关案例，使学生了解电商法规的具体章程；通过真实情景带入学习，让学生能够根据实际情况给出合理的建议。

活动一　买家防骗

活动描述

随着淘宝入驻的商家逐渐变多，淘宝平台覆盖了各个领域和类型的商品，与此同时，也出现了一系列安全隐患。小张在开店之前，也是一名普通的买家，当然也遇到过一些不良卖家，下面就让我们通过案例学习一些防骗的小技巧。

活动实施

第一步：初识诈骗，认识身边的隐患

小张利用高效的网络和自身的网购经历，收集了许多被骗案例，他想通过分析这些案例，总结防范网络诈骗的方法。

案例一　冒充淘宝客服进行诈骗

诈骗分子打电话给您自称是淘宝客服，并能准确地说出您的网购信息，称您购买的商品因为缺货、订单异常等需要退款。然后通过QQ加您为好友，在QQ上发送网络链接要求您点开，填写银行卡号、银行卡密码、身份证号、验证码等信息以实现退款，进而实施诈骗。

5月，学生张某在宿舍接到假冒淘宝客服打来的电话，假冒的淘宝客服告知张某，其购买的衣服缺货，店铺将对其进行退款。随后，张某登录诈骗分子通过QQ发来的网络链接，并在看似正规的退款网页上填写了银行卡卡号、银行卡密码、验证码等信息，结果发现银行卡被诈骗分子转走5 380元。

在网络中，很多信息可能不是真实的，骗子经常会装作专业的工作人员，在取得您的信任后骗取您的银行卡卡号、银行卡密码等。

案例二　冒充邮政、电信、公安、检察院、法院等单位、部门诈骗

诈骗分子冒充邮政局或其他部门告知您有包裹未领取，在您确定了并无上述包裹后，诈骗分子提出可将电话转接至"公安机关"具体问询，假冒的警官与您通话后，告知您邮寄的包裹涉毒或银行账户涉嫌洗黑钱等，提醒您已涉嫌犯罪，为证明资金合法，须将您银行卡中所有的资金汇款到"公安机关"提供的安全账户，进而实施诈骗。

9月，学生陈某接到冒充医保局的电话，又转接至"公安局"，假冒的警官告知其涉嫌犯罪后，学生陈某将12 000元转账至诈骗分子提供的"安全账户"以查证是否为合法资金，直至发现被骗。

信息时代，很多信息都可以伪造，就如这个案例中，骗子可以利用软件改变电话号码等信息，装作公安机关，并说出一些您本没有做过的事情，让您通过转账解决问题。

案例三　网络中奖诈骗

诈骗分子仿冒知名网站举办抽奖活动，在QQ上、手机信息里或网页上发布虚假中奖信息，告知您已中奖，但中奖需缴纳税金等。而当您提出是否为真正中奖，或能否将保证金、税金等从奖金中扣除而不另行缴纳税金时，中奖方便会称您若不汇款，将对您进行起诉等，以此恐吓您，并要求必须先汇款，再领奖，进而实施诈骗。

6月，诈骗分子以抽中"爸爸去哪儿"节目大奖但需要先缴纳保证金才能领奖为由，骗取学生周某6 000元。

想一想

请同学们思考并结合自身的网购经验，说说电子商务过程中存在的安全隐患。

第二步：增强安全意识，掌握防骗技巧

试一试　● ● ●

请尝试通过网络搜索，查找网购的常见诈骗手段。请同学们在下面写出几个网购诈骗的关键词。

_____

_____

_____

知识链接 ▶▶▶

淘宝购物不对等现象

网上购物与线下购物存在很多的不同，从很多方面来讲，买家和卖家往往处于不对等的地位。比如信息方面的不对等。卖家对自己商品的所有情况都很了解，而由于网上购物的虚拟性，买家无法像线下购物那样可以看到、摸到感兴趣的商品，只能通过卖家提供的图片和对于商品的描述来了解和猜测商品情况，并以此为根据来做出购买决定。买家收到商品后的"失望"或者"惊喜"，也都是由于这种知情权的限度造成的。

理一理

在淘宝购物过程中，哪些信息可能是虚假的？这些虚假信息又是以何种形式存在的呢？请将答案填入表7-6。

表7-6　淘宝购物中的虚假信息

信息种类	虚假信息
店家信誉	有些卖家的信用评分在短时间内迅速提升，并且都是好评，这是明显的信用炒作迹象，这种卖家就不宜轻信
商品标题	
商品细节	
商品价格	
店铺客服	

知识加油站 ▶▶▶▶

网购时辨别虚假信息小技巧

1. 关注卖家信用

买家在选购商品的时候一定要关注一下目标卖家的信用，若卖家有很多负面评价，建议谨慎购买。而还有些卖家的信用虚长、好评过多却没有实质内容，这种卖家的信誉大多为虚假好评，同样需要警惕。

只要卖家存在明显的信用炒作情况，就不值得信赖。因为网络交易中最重要的就是诚信，信用造假本身就是极严重的不诚信。信用都造假，我们还敢相信其商品的质量吗？

2. 小心低价陷阱

300～500元您就可以买到时下最流行的手机，1 000～2 000元就可以得到最新型的便携式计算机，这种好事会发生吗？卖家可能会以"走私""罚没""抵债"等理由解释低价原因，并让买家交一笔订金；买家交了，卖家会让买家再交一些费用给买家更新更好的型号；买家又交了，卖家又让买家交一些莫名其妙的钱……最后卖家就消失了。

淘宝网出售的商品，价格参差不齐，要学会辨别哪些是真实的商品。价格远低于市场价格的商品，通常都是虚假的。

3. 当面核对包裹

买家定购的是最新的数码产品，收到的却是一块砖头；买家买的是漂亮的衣服，收到的却是一堆破棉絮或者劣质衣服。这便是掉进了发货陷阱。

对于快递包裹，应尽量当着快递员的面打开包装验货，如果不是买家要的产品，应坚决拒收。

4. 警惕"拒用支付宝"

下单后，卖家却说自己的支付宝账号不能用，让买家用其他方式汇款给他。但一旦买家汇款，就再也联系不上卖家了。

在淘宝网上购物一定要使用支付宝付款，对拒用支付宝的卖家可以进行投诉。

5. 未收到货绝不确认收货

还没收到货，卖家就以种种借口要求买家确认收货；迟迟收不到货，卖家却有种种理由给予拖延，忽然有一天发现交易已自动完成，而买家还是没收到货。

迟迟收不到货时一定要找卖家交涉，并在交易时限（快递10天，平邮30天）到达前，要求卖家延长交易时限或直接要求退货，没收到货坚决不能确认收货。

💡 想一想

请同学们思考，除了这些小技巧外，还有哪些办法能识别骗局？

试一试　● ● ●

根据上面学习到的防骗小技巧，分小组模拟网络诈骗过程，试着运用技巧识破骗局。

活动评价

评价项目	自我评价		教师评价	
	小结	评分	点评	评分
1. 能说出作为买家会遇到的网络欺诈手段（30分）				
2. 了解网络欺诈的含义（35分）				
3. 能运用防欺诈技巧保障自己的购物安全（35分）				
合　计				

活动二　卖家防骗

活动描述

小张家的手机及配件零售的网上店铺已经开张一段时间了。最近几天，他发现店铺中的商品有被恶意改价的现象，起初他还以为是自己粗心设置错了。但是几次修改后仍没有解决问题，这时却有客户下单了，这可把小张急坏了。

活动实施

第一步：角色转换，初识电商法规

小张利用高效的网络和认识的朋友，了解了许多和他家店铺相似的案例，他希望通过分析这些案例，找到问题所在。

案例一　淘宝"错价门"

互联网上从来不乏标价1元的商品。曾经，淘宝网上大量的商品标价1元，引发网民争先恐后抢购，但是之后许多订单被淘宝网取消。随后，淘宝网发布公告称，此次事件为第三方软件"团购宝"交易异常所致。部分网民和商户询问"团购宝"客服得到自动回复称："服务器可能被攻击，已联系技术部门紧急处理。"这一事件暴露出来的电子商务安全问题不容小觑。

案例二　黑客热衷攻击重点目标

国外多年前就曾经发生过电子商务网站被黑客入侵的案例，国内的电子商务网站近年也发生过类似事件。浙江义乌一些大型批发网站曾经遭到黑客近一个月的轮番攻击，网站图片几乎都不能显示，每天流失订单金额达上百万元。阿里巴巴网站也曾受到不明身份的网络黑客攻击，这些黑客采取多种手段攻击了阿里巴巴的服务器，企图破坏阿里巴巴全球速卖通的正常运营。随着国内移动互联网的发展，移动电子商务迅速发展并给人们带来更大的便利，但是由此也将带来更多的安全隐患。

📖 知识链接 ▶▶▶

黑客

黑客是指闯入计算机系统或者网络系统者，他们往往精通计算机技术，是水平高超的计算机专家或程序设计人员。

2011年8月29日，最高人民法院和最高人民检察院联合发布《关于办理危害计算机信息系统安全刑事案件应用法律若干问题的解释》。该司法解释规定，黑客非法获取支付结算、证券交易、期货交易等网络金融服务的账号、口令、密码等身份认证信息10组以上，可处3年以下有期徒刑等刑罚；获取上述信息50组以上的，处3年以上7年以下有期徒刑，并处罚金。

💡 想一想

请同学们想一想，在您开店的时候，最害怕遇到哪些可能让您的店铺受到损失的情况？

第二步：了解电商法规，安全意识萌芽

试一试　●●●●

请尝试通过网络搜索，查找电子商务相关的法律法规。请同学们在下面写出几个您找到的电子商务法律法规，并结合电子商务安全的6个特征，总结电子商务法的定义。

电子商务法律法规：

1. _____
2. _____
3. _____
4. _____

电子商务安全的6个特性：

1. 电子商务数据的机密性
2. 电子商务数据的完整性
3. 电子商务对象的认证性
4. 电子商务服务的不可否认性
5. 电子商务服务的不可拒绝性
6. 电子商务访问的控制性

电子商务法是_____
_____

📘 知识链接 ▶▶▶

电子商务法

1. 广义的电子商务法

广义的电子商务法包括所有调整以数据通信方式进行的商事活动的法律规范，其内容极其丰富，至少可分为调整以电子商务为交易形式的和调整以电子信息为交易内容的两大类规范。虽然广义的电子商务法概念有时显得比较通俗，特别是在需要将电子商务法作为一个整体法律范畴进行称谓时，似乎易于使用。但是，在具体的理法与司法中却比较难以运用。一方面，不可能制定一部调整对象如此广泛的电子商务法；另一方面，也不可能将这样广义的电子商务法适用于某一具体的案件中。

2. 狭义的电子商务法

狭义的电子商务法是指调整以数据通信为交易手段而形成的因交易形式所引起的商事关系的规范体系。

议一议

随着人们对电子商务安全问题的认识日益加深，电子商务法规也渐趋完善。请同学们查看下列法规，讨论其中哪些是国内法规，哪些是国外法规，以及它们之间有什么不同。

1.《电子认证服务管理办法》
2.《网络安全信息共享法案》
3.《中华人民共和国电子签名法》
4.《网络安全信息共享法案》

知识链接 ▶▶▶

国内电商法规

《中华人民共和国网络安全法》确立了网络安全工作基本原则、将个人信息保护纳入正轨，还规定了重大突发事件时政府可采取临时措施限制网络。

《中国互联网协会漏洞信息披露和处置自律公约》提出漏洞信息披露的"客观、适时、适度"三原则。

《关于运用大数据加强对市场主体服务和监管的若干意见》指出，应加大网络和信息安全技术研发和资金投入，建立健全信息安全保障体系。

《促进大数据发展行动纲要》在网络和大数据安全方面要求，在涉及国家安全稳定的领域采用安全可靠的产品和服务，到2020年，实现关键部门的关键设备安全可靠。

《工商总局关于加强网络市场监管的意见》指出，要全面加强网络市场监管，推进"依法管网""以网管网""信用管网"和"协同管网"。

《中华人民共和国电子商务法》（以下简称《电子商务法》）于2019年1月1日正式实施，这意味着中国电商行业进入有法可依的时代，为规范行业发展迈出重要一步。《电子商务法》规定，通过互联网等信息网络从事销售商品或者提供服务的经营活动的自然人、法人和非法人组织都属于电子商务经营者，应当依法办理市场主体登记，履行纳税义务。这意味着个人海外代购、微商将纳入法律法规的监管。《电子商务法》不仅对商家的行为做出规范，还明确了电商平台应有的责任和义务，给消费者网购提供保障。

想一想

请同学们思考，以上法规从哪些方面保障了我们在互联网上交易时的权益？

第三步：培养洞察力，熟练使用防骗技巧

小张做了一定的功课后，总结了几种卖家容易遇到的诈骗情况，下面让我们来看看。

1. 李代桃僵

这种情况就是买家用账号名甲购买商品并付款，用账号名乙去跟卖家联系，这两个账号的名字很相像，比如紫紫免与紫紫兔，tyreal0316和tyrea10316。或者是在聊天中要求把货物发到一个与支付宝预留收货地址不同的地址。这时候一定要小心。因为卖家一不留神，就会掉进骗子的圈套。这时候，骗子反而会投诉卖家，说卖家"收款不发货"，卖家又无法向支付宝提供充分的证据证明确实发货了，这时候卖家应诉成功的机会不大。

对策：严格按照付款买家的地址发货，如果买家要求更改收货地址，一定要让买家在交易记录里更改。否则，宁可生意不做，也不要给骗子留下机会。卖家应注意，买家与卖家联系时使用的用户ID与付款ID是否完全一致，如果有差别，那就要提高警惕了。

2. 空手套白狼

买家说自己急用商品，要求卖家先发货。等卖家发了货，就再也联系不上买家了。或者是买家拍下商品，告诉卖家已经付款，让卖家赶紧发货。而卖家查询后发现，交易信息里显示"等待买家付款"。卖点卡的卖家是很容易遇到这种情况的。

对策：确认买家付款后才能发货。

3．移花接木

买家说收到货了，可收到的包裹里是块大砖头。卖家确定发的明明是数码用品。买家要求退款，并把一块砖头退回来，不然就给予差评并且投诉卖家。

对策：对于较贵重的物品，卖家当着快递员的面打包货物。在邮寄时，可要求快递公司的工作人员检查邮寄品，卖家应向工作人员声明包裹内的物品，并提供相应的文件或证明。

4．恶评威胁

买家收到货了，表示不是很满意，但不愿意退货，要求卖家给予补偿，也就是要求退一部分款，否则就要恶意评价。

对策：信用对卖家来说极其重要，这时候先要看买家的要求是否合理。如不合理，应劝说买家退货。因为即便提供了一定的补偿，也不知道买家最终会怎么评价。

理一理

根据上述几种诈骗情况，想一想作为淘宝卖家，会在哪些环节被骗子利用呢？请将答案填入表7-7。

表7-7　卖家被骗环节

诈骗情况	被骗环节
李代桃僵	
空手套白狼	
移花接木	
恶评威胁	

活动评价

评价项目	自我评价		教师评价	
	小结	评分	点评	评分
1．了解电子商务法的定义（25分）				
2．了解我国电子商务法规（25分）				
3．理解电子商务安全的6个特性（25分）				
4．能运用所学电商法规保障网购权利（25分）				
合　　计				

项目总结

通过本项目的学习，学生应了解淘宝网的开店规则，同时熟悉网店商品上架的各项工作流程，会进行网店发布和简单的网店海报制作。熟悉电商的法律法规，能在遇到诈骗情况时及时分辨和处理。

项目练习

一、填空题

1. 商品定价即_____。

2. 淘宝注册账号可以使用_____和_____。

3. 淘宝网店中的商品定价策略有：低价策略、_____、
_____、_____、_____、新产品定价策略。

4. 电商编辑部门的基本岗位可以分为：_____、美工编辑、
_____、论坛编辑。

5. 淘宝购物的不对等现象有_____。

二、实践题

1. 请同学们试着将一个商品从上架、定价到优化标题等流程完整地写下来。

2. 请说出两种以上应对网络诈骗的方式。

项目七
网店开设

参 考 文 献

[1] 谭贤. 新网络营销推广实战从入门到精通[M]. 北京：人民邮电出版社，2015.

[2] 平文英，王璐. 网络营销实务[M]. 北京：经济管理出版社，2014.

[3] 范小青，吴涛. 网络营销[M]. 北京：高等教育出版社，2013.

[4] 毕传福. 微信微博智能营销一本通[M]. 北京：人民邮电出版社，2014.

[5] 阿里巴巴商学院. 网店客服[M]. 北京：电子工业出版社，2016.

[6] 陈益梅，关井春. 电子商务物流[M]. 北京：中国水利水电出版社，2011.

[7] 沈美莉，陈孟建，马银晓. 电子商务基础[M]. 北京：电子工业出版社，2009.

[8] 秦成德，王汝林. 移动电子商务[M]. 北京：人民邮电出版社，2009.

[9] 李琪. 电子商务概论[M]. 2版. 北京：高等教育出版社，2017.

[10] 刘桓，刘莉萍，赵建伟. 网店客服：微课版[M]. 2版. 北京：人民邮电出版社，2023.

[11] 杨毅玲，罗晓彬. 网店美工[M]. 2版. 北京：电子工业出版社，2022.

[12] 王利明，宫生平，丁学林. 网络营销实务[M]. 北京：电子工业出版社，2024.

[13] 常连玉，陈海燕. B2C电子商务配送模式的思考[J]. 物流技术，2010（8）.